娼婦の本棚

鈴木涼美
作家

761
中公新書ラクレ

目次

本文ＤＴＰ／市川真樹子

娼婦の本棚

はじめに　時に夜があまりに暗く、字を照らす光がなくても

駄目なことの一切を
時代のせいにはするな
わずかに光る尊厳の放棄

自分の感受性くらい
自分で守れ
ばかものよ

茨木のり子「自分の感受性くらい」より

「ここ、アイダが窓から出る時、後ろ向きなのはどうしてだと思う？」

これは私が思い出せる限り、一番古い〝本の記憶〟です。

子供の本を愛し、また仕事にもしていた母は、字を読めるようになる前の私にも多くの本を与え、時に難解な質問を投げかけてきました。アイダとは、センダックの絵本『まどのそ

との　そのまたむこう』（原題：OUTSIDE OVER THERE、新訳では「父さんが　かえる　日まで」）の主人公のことを指しています。センダックはゴブリンに攫われた妹を探しに行くアイダに、後ろ向きで窓を越えさせ、そしてそれが大きな失敗だったと描きます。

忘れ物しないように？　そのほうが飛びやすいから？　いつもそうやって外に出るから？と、幼い私は限られた言葉と拙い想像力で母に応え、母の表情から、自分の言う答えはそれなりに大人を面白がらせてはいるけれど、きっと当たってはいないのだ、と感じ、再び拙い想像力をはたらかせます。同じ本の同じページを一週間、毎晩睨みながら、ああでもないこうでもないと母と論じた、それがいつから始まったのか、どれくらいの期間習慣化していたのか、正確には覚えていません。六歳から住んでいる鎌倉の家に引っ越す前の記憶も、引っ越した後の記憶もあるので、小学校に上がる前から数年間は続いたのでしょう。

母は勿体ぶって、私が何か言うと「そうかもしれないね」などと言いながら先を読み進めます。そして次の日に再び、「もしかしたら忘れ物が気になったわけじゃないんじゃない？」なんて言いながら他の可能性が私の小さな頭の中に浮かんでくるのを待ちました。

それを一週間近く繰り返した後、母が今度はエッツの『わたしと　あそんで』を出してきて、じっくり二人で読みます。動物たちが女の子の周囲に集まってくる最後の場面まで読み終えると、また母が聞くのです。「この絵、よく見てみると、手前に壊れた柵みたいな鉄のあみあみがあるわね？　これって何だと思う？」

そうやって幼い私の想像力が豊かになったのか？　それはよく分かりません。私はいまだにアイダがどうして窓を後ろ向きに越えるという大失敗をしたのか知らないし、不気味な絵柄がなぜ不気味なのかもよく分かりません。一〇歳になる頃にはそういった読書にうんざりしていて、ついでに母の蔵書にあるファンタジーや少年少女の冒険譚にもうんざりしていて、漫画や Judy Blume のちょっとエッチな小説など、限られたものしか読まなくなっていました。

中学に上がると、私の周囲には漫画や小説以上に魅力的なものが大量に増えました。テレビドラマや歌番組を観て、次の日に友人たちとひいきの歌手のドレスについてああだこうだ話したり、放課後にファーストフードでコーラのSサイズだけで三時間粘ったり、その後カラオケで新曲を競って歌ったり、口紅や眉墨をつけてみたりしていると、時間はいくらでも潰せたし、少しずつ恋や性の話題が出るようになると、試験前のたった三時間だけでも勉強なんかに使うには勿体ないと思うようになり、青春が賑やかに色づき始めました。

母はもうセンダックやエッツを持ってくることはありませんでした。寝る前の時間だけは何でもいいから本のページをめくること、月に一冊くらいは英語の本も読むこと、誰かと一度友達になったら喧嘩しても意見の相違があっても遊び場が分かれても友達をやめないこと、それだけ守ってくれればいい、と言って彼女は彼女の仕事や趣味に没頭していました。ただ、母は私の部屋にひとつだけ自分の書棚を置いて、彼女が中高生だった思春期に読んだものを並べていました。橋本治や金井美恵子、サガンなど詩集や小説やエッセイや旅行記が並ぶその棚を、私は長らく、単に母が自分の書斎に入り切らない本を置いているだけだと思って、タイトルを眺めるくらいしかしていませんでした。

中学一年、それまで子どもの枠の中に閉じられていた自分の世界が広がっていくことに夢中になった私は、楽しいこと、刺激的なこと、刹那的なこと、そして少し背徳感があることに惹かれるようになりました。ファンタジーの世界よりもっと生々しくて直接的な刺激がそこかしこにあったからです。そんな様子を見ていた父は、「ママと読んでいた本がつまらないと思うようになったのなら、こういうのが面白いんじゃない？」と何冊かの本を書庫から出してきてくれました。全ては覚えていないけど、記憶にあるのは村上龍『コインロッカー・ベイビーズ』、ディック『アンドロイドは電気羊の夢を見るか？』、クラーク『幼年期の終わり』、村上春樹『中国行きのスロウ・ボート』、井上ひさし『ブンとフン』、それからドストエフスキーと遠藤周作。それらもちょっとずつ読んだり読まなかったり、長く自分の部屋の本棚に積んだままにしていた気がします。

一四歳になり、一七歳になり、私の世界はさらに歪な形に広がっていきました。大人が見れば、それなりの反抗心や逸脱への憧れや、少ない知識で簡潔に考える癖や、なんでも相対化したがる傾向は、まとめて若さという名の風邪のようなものだったのでしょうが、ちょっとした制約や一見非合理的に見える規則が我慢できずに、それらを無視することが愉快でした。本来的な自由がどんな事態かなんて知る由もなく、浅はかで、短気で、凡庸で、不満だらけで、制約を嫌って逃げ込んだ先が、本当はさらに自分を不自由にするなんて考えてもいませんでした。

その頃には立派に不良娘になっていたけど、父がくれた本や私の部屋にあった母の本を徐々に手に取り、勢いよく読み出したのもこの頃でした。私はきっと、自分の不満や欲望を言い当てる言葉や表現が、自分にはまだ圧倒的に不足しているのを本能的に感じたのでしょう。しばらく忘れていた母との本を通じた対話も、思い出すようになりました。喉が渇いて倒れそうなボクサーのように、本棚の本を手に取って、家の中の書庫を探索し、昼の学校と夜遊びの時間の合間には書店を物色しました。学校の図書室は陰気臭くて嫌いでしたが、図書館は好きでした。かつて受動的に浴びせられるものだった読書が、自分が望むものに完全に変わっていました。

脈絡なく色々な本を読んでいるうちに、自分の好きな本の読み方も分かってきます。情景を思い浮かべるのが好きな人も、トリックや結末を楽しみにする人も、登場人物に恋する人もいるのだろうけど、私の場合は、紙に印刷された大量の文字をひたすら追って、痺れる一文に出会うことこそ本を読む醍醐味でした。痺れる一文が一行でもあれば、登場人物が好きになれなくても、展開がスリリングでなくとも、結末が予想通りでも、全く難解でよく分からなくても、私はその本を読んだ甲斐があったと感じます。それはきっと私が、自分の言葉の不足を補うように本を読み出したことと関係しているように思います。気に入った文に付箋を貼ったり、線を引いたり、抜き書きしたりするのは高校の時にできた癖で、私は今でもそうやって痺れる一文との出会いを求めて本を読んでいます。

高校の制服を脱いでからも、私はまだまだ不良娘で、行かないで良いところに行き、落ちなくても良い穴に落ち、つかないで良い嘘をたくさんついて生きてきました。見知らぬ男にお酒をついで、彼らの悪口を言いながら自分もお酒を呷り、気づけば私の身体は、タバコやクスリや精液の匂いがこびり付いて、カメラの前で服を全て脱いで寝転んでも、大した金額を払われないほど安いものになっていました。

夜の闇は深く、光が全く見えないところまで入り込んでしまって、もう抜け出せずに生きていくのだろうと感じたこともあります。イライラしていて、根性がなくて、自分の人生に投げやりで、青春を持て余して逃げ込んだ沼の中で身動きもろくに取れないのに、自分は世間の多くの人よりはいくらか自由だろうと思い込んでいました。ポルノ撮影の現場で、あるいはクラブのVIP席で、あるいは誰かが誰かの名義で借りている怪しい高級マンションで、あるいはすっかり日が昇った後の繁華街の路上で、危ない目にも随分あったように思います。自分の身を危険に晒して、自分の価値を粗末に浪費して、気づけば青春なんて呼ぶには随分歳をとっていました。

私は結局、後から考えて自分の青春だと思えるような時間をなんとか抜け出して、大学院に通ったり会社員になったりした後に、本を書く仕事をするようになりました。大人になってから、いつ沼の底に沈んでしまってもおかしくなかった若い時間を思い返して、私はものすごく運が良いのだ、と感じていました。色々なものを失って、後悔も売り捌くほどあるけれど、死ぬこともなく狂うこともなく、少なくともオトナと呼べる年齢まで生き延びた。こんなに運の良いことはない、と。

実際、私は運が良かったのだと今でも思います。私と同じくらいは善人で、私と似たようなものが好きだった友人を何人も失いました。死んでしまった人もいれば、誰も連絡がつかないままになった人もいるし、未だに嘘ばかりついて暮らす人も、薬物の崖から落ちてしまった人も、人が変わったようになってしまった人もいます。私は今年、三九歳になります。昔エリート企業に勤めながら夜の街に出て身を売ることがやめられなかったオンナが、渋谷の神泉にあるアパートで死体で発見された歳です。彼女以外にも多くの夜のオンナたちが、穏やかにこの歳を迎えることができなかった、そんな年齢です。

彼女たちと私を隔てたのは、多くの場合には運でしかなかったと思うけれど、もうひとつだけ私の身を世界に繋ぎ止めてくれたものがあったとしたら、本に挟まれた付箋の横に刻まれた言葉なのだと思います。私は夜の街に生きていた頃、一年も経たずに引っ越しを繰り返していましたが、本はなるべく捨てずに持って出るようにしていました。高校時代の癖が残って、なんとなく眠りに落ちる前はベッドの脇に本と付箋がありました。私は無知で、分別も貞操観念もなく、道徳も礼節も心得ていなかったけれど、自分に見えている世界が必ずしも絶対的なものではないという予感は本が育ててくれた気がするのです。

本を読む習慣を辿れば、母と読んだセンダックや父のくれた小説があるわけで、それもやはり幸運だったとしか言いようのない事実です。私は若い女の子にとって、夜の闇が、腐敗した空気が、悪い友人が、穴に落ちる刺激が、どれだけ魅力的かよく知っています。時には、この世界に自分の居場所なんてそこしかないと感じることもあるだろうし、それがなければ今の苦しみから逃げられないこともあるだろうと思います。実際、それらはとても愉快なものだし、手っ取り早く生きている実感を与えてくれさえするものでした。

ただ、社会は厳しいし、世界は荒唐無稽だし、夜の闇は深いし、悪い人や場所はすぐ隣に常にいます。願わくばどんなに悪いことをしても、悪い場所に落ちても、ぎりぎりのところで世界に繋がって生き延びてほしい。同級生の産んだ子どもたちが、ちょっとずつ娘からオンナの顔になっているのを見て、なんとなくそう思うようになりました。若い時、一度だけ堕ろした子どもがもし生まれていたら、ちょうど青春に差し掛かる頃だからかもしれません。

だからこの本は、これから身体を売ったり、嘘をついたり、悪い人に出会ったりするかもしれない、まさにアドレッセンスというものの中を突き進んでいく若いオンナノコたちに向けて書きました。私が私の青春を生き抜くために貪った本の中から、特に印象的なものを選び、私が付箋を貼っていたような痺れる一文をなるべくたくさん紹介しています。母がさりげなくそうしてくれたように、若さを持て余した誰かの本棚に忍び込ませることができたらいい。それがどこか何かのタイミングで、新しい読書に繋がったらもっといいし、朝まで生き延びる暇つぶしになったらいいし、暗い夜を逞しく歩いていくオンナノコたちにとって、浮き具になったり電灯になったり地図になったりすることもあるかもしれない、そんな風に思っています。

第1章
女は無意味に旅に出る

サビナは自分のまわりに虚しさを感じた。
ところで、もしこの空虚さが
彼女のこれまですべての裏切りのゴールだとしたら？

ミラン・クンデラ「存在の耐えられない軽さ」より
（千野栄一訳）

もしアリスが女の子ではなかったら

『不思議の国のアリス』

ルイス・キャロル／矢川澄子訳

怖がりで慎重だった子供時代

門を入ると真正面に小ぶりで綺麗な聖堂があり、その向かって左側に小さな園庭、右側に平屋の素っ気ない園舎がある幼稚園に、私が通い出したのは年中の夏休み明け、五歳になったばかりの頃でした。それまでは両親の仕事の都合で保育園に通っていたのですが、同じマンションに親しい家族も何組かいたので、多少留守番ができる年齢になって幼稚園に移ったのです。朧げな記憶を掘り返すと、その頃の私はとても怖がりで、中でも街で迷子になることを極端に恐れていたので、どこか旅行にいっても、目の前に広がる楽しい光景にいまいち集中できずに、常に自分の位置を確認している慎重な子供でした。

慎重さの出どころについて、思い当たる節がないわけではありません。母は忙しい人で、元来やや感情的で自由な性質だったので、たとえば一緒に博物館に入って、彼女の興味が別のところに向けば、すぐに私から目を離してそちらに夢中になってしまう。何かに腹を立てるとずんずん遠くに歩いていってしまう。思えば私の記憶の中の母は横顔が多く、その分私が母から目を離さないようにしていたのかもしれません。大人になった今は、親の興味が一〇〇パーセント子どもに集中していないことは、一人娘だった私にとっては気楽で幸運なことだったように感じますが、まだ地図も読めない、小銭も持っていない子供にとってはそれなりに心細い時もあったのでしょう。

突拍子もなくどこかに置き去りにされるのではないかという私の恐れはしかし、ある時期を境に次第に薄れていくこととなります。単に成長して冷静になっただけかもしれないし、はっきりしたきっかけなのかどうかは分かりませんが、ちょうどその端境期に、今でも覚えている長い夢を見ました。普段夢なんて全く覚えていないのですが、どうしてかその夢は幾度も思い出すのです。

迷子になった夢

夢の内容は単純で、毎日通っている幼稚園の門と聖堂の間のせいぜい二〇メートル四方のちょっとした内庭が、急にみるみる広くなって、門も聖堂もどんどん遠く、次第に見えないほどになり、そこに見慣れない街が出現するというものでした。街の中には、見覚えのある商店もあれば、全く知らない青い屋根の家もあって、私は必死に知り合いや力になってくれそうな人を探します。近所でよく前を通る焼き鳥屋が目に入ったので、ガラス越しに鶏を焼いている料理人に向かって声を上げますが、ガラスが分厚いのか、鶏に集中しているのか、全く気づいてもらえません。仕方なく歩いていると、結構友人に出くわしたり、近所の人が飼っていたヨークシャー・テリアが角に繋がれていたりして気も紛れるし、特に空腹に苦しむことも、途方に暮れることもなく、遠くには自分の住んでいるマンションが見えていることにも気づきます。

親友の姿が見えて、大声で名前を呼んだところで目が覚めて、私は当然、普段寝ているベッドにいたのですが、別に夢で良かったとか、焦ったとか怖かったとか、気づかぬうちに泣いていたとかいうことは全くなく、ただ夢の内容は細かく覚えていて、普段私が何より恐れていたような事態は、実際に（夢だけど）経験してみれば大して深刻なものではないのではないかという気分でした。

子供はマンションや幼稚園の限られた狭い世界で生きているけれど、実は自分の知らない世界は想像を絶するほど広くて、しかもそれを徐々に知るのではなく、ある日突然、昨日までの何倍にも広い世界に放り込まれ、それを繰り返すことでかつて全てだった狭い世界がどれくらい狭いものだったかを理解するようになります。それは小学校に入るとか、大学で学問を知るとか、グランドキャニオンを見るとか、海外でゆきずりのセックスを知るとか、手間のかかったきっかけである場合もあるけど、意外と頓珍漢な夢で簡単に理解できてしまうこともあるのかもしれません。いずれにせよ私はそのあたりの時期から、それまで過剰なほど持っていた慎重さを徐々に見失い、思春期を迎える頃には、入らなくてもいいような世界に入って行ったり、落ちなくていい落とし穴に何度も落ちたり、しなくてもいい寄り道をして何かしら痛い目を見たりする、傍若無人といえば聞こえはいいものの、思慮深さとはかけ離れた、浅はかなオンナになっていくのでした。

地上の常識がことごとく解体される不思議の国

世界で最も有名な夢オチと言えば、英国の数学者の書いた少女の冒険譚でしょうか。ディズニーのアニメ映画や、最近ではティム・バートンの後日談的設定の若干退屈な映画の印象も強いルイス・キャロル『不思議の国のアリス』を、私が最も熱心に読んでいたのは一九歳から二〇歳の頃、夜に深く迷い込んでいったそんな時期でした。

時計を持った大慌てのウサギを追いかけて巣穴に入り、「ぐん、ぐん、ぐうん、落ちること落ちること（原文は“Down, down, down”）」とやけにゆっくり下へ下へ落ちていくところから始まるアリスの物語は、じわじわと夜の闇に落ちていく私の、現在進行形で目撃している光景とどこか重なる気がしました。下に落ちたはずなのに、そこには地上の論理とはまた別の論理でまわる不思議な国が広がっていることも、絶望して泣いても結構早く立ち直ってしまうことも、不思議な国の住民たちはみんな何やら忙しなくアリスにお構いなしで世界が回っていることも、誰もが敵でも味方でもなさそうなことも、目的や夢があるわけでもなく道行きが進むことも、何かと自分にこじつけてみるととても可笑《おか》しくなります。なんといっても親交のあった家族の娘アリスにキャロルがボートの上で聞かせたこのお話、最初に手書きで残した時のタイトルは「Alice's Adventures under Ground」なのです。

不思議の国には入り口から「ワタシヲオノミ」「ワタシヲオタベ」なんて魅力的な誘い文句が転がっていて、その誘いにことごとく乗るアリスは、どんどん国の奥の方へ迷い込んでいきます。色々と説明も億劫なことが起こるけれど、そのうち「もうおかしな出来事にはいいかげんなれっこになって」いくのです。そして時々、「このへんじゃ、だれでも狂ってる(原文では"mad")んだ。おれも狂ってるし、あんたも狂ってる」「あたしが狂ってるなんて、どうしてわかる?」「狂ってるさ。でなけりゃ、ここまでこられるわけがない」なんていうチェシャ猫との会話が挿入され、読んでいる私の背中は少しヒヤッとしました。「あのう、わたくし、ここからどの道を行けばいいか、教えていただきたいんですけど」「そりゃ、あんたがどこへ行きたいかによるわな」「どこだっていいんですけど――」。

地上の世界と落ちた先は、色々と勝手が違います。そして不思議の国では地上で大層立派に扱われたであろう道徳や教訓はことごとく茶化され、おかしな言い換えをされてしまいます。みんなが当たり前に諳んじられる詩は、ナンセンスな替え歌になって、地上の世界で全てをつかさどる時間ですら、不思議の国にかかると六時の次に六時一分が来るわけではありません。アリスは自分でも訳が分からないうちに、地上の常識を解体し、教訓が込められた詩を、「あれがどんなにたのしいか　あんたちっとも知らないね　エビといっしょにつかまって　沖へほうってもらうのさ」なんて暗誦してしまうし、「ものごと何にだって、格言はつきものよ」と格言を言いたがる公爵夫人に「ないんじゃないかしら、そんなの」と言ってのけてしまいます。

女の子には、無意味でいる自由がある

アリスは穴に落ちたそのさきで、落ちる前の世界では見たことのなかったもの（慣用句でなら聞いたことがあるような生き物もいますが）に色々と出逢いますが、彼女にとって彼らが変であるように、アリスもちょっとした異物です。そこに広がる世界は変だけれど、アリスはお菓子やキノコを齧《かじ》って、自分の身体を大きくしたり小さくしたりすることで、変な世界に似合うサイズになって彷徨《さまよ》います。小さなドアがあれば身体を小さくして、大きな家の前に来れば「アリスはすぐに近づく気にはなれず、まず左手にもったキノコのかけらをちょっぴりかじり、２フィートほどの背丈になってね」。ただし、不思議の国に暮らすものたちと

違って、アリスは地上の常識と理性を持ったまま迷い込むので、その世界が変だという感覚は持ち続けています。そして自分も変だということも結構分かっていて、「少くとも、けさ起きたときには、自分がだれかわかってたんだけど、それから何べんか変っちゃったみたいなんですもの」と、サラッとアイデンティティクライシスのようなセリフを口にする。不思議だとは思うけど、怯《おび》え続けたり、その世界をありえない！　と一蹴したりせずに、ちょっと不可思議な気分を味わった後は、するりと受け止めてまた道を進みます。そしてアリスはアリスのことを蛇だと断じる鳩を説得するように、自分でもあやふやなまま「あたし――あたし、女の子なの」と話すのです。

こんな芸当は、まさに女の子にしかできないんじゃないかと少し思うわけです。男の子のヒーローも変身したり、敵に合わせて強くなったり、不思議なところへ迷い込んで冒険したりはしますが、非論理に論理や正義で争って、必死に何かの目的を達成したり、敵を倒したり、海賊王を目指したり、この世の悪を根絶したり、龍の玉を集めたりしがちです。大人の女だって不思議な体験をしたり見たことがないものを見ることがあるけれど、どうしてもそこに意味を見出したり、病名をつけたりしがちです。

アリスにはそんな大それた戦いや不思議なこと全てに名前をつける趣味なんてありません。

何かの役に立つ必要もない代わりに、周囲の生き物たちにはそれぞれの忙しい理由があって、アリスをことさら主人公のようには扱わない。害を与えようとしてくるものはあるけれど、何が味方で何が敵かなんていう考えはアリスにとって無意味です。全く勝手の分からない不思議の国のことだって、「ウサギ穴になんて、とびこまなければよかった」と落ち込むけど、直後には大きくなったらこのお話を本に書こうっとなんてすぐに思い立つくらいなので、大した絶望ではありません。女の子には、無意味でいる自由があるのです。

本当にやっかいなのは、孤独ではなく……

アリスは穴に落ちた不条理も、穴の中の不条理も、結構逞しく受け入れて、しかもこちらの論理の通用しない世界に抗うよりいなしてみせます。荒唐無稽に呆れながらも、自分自身の変化を疑ってみることもあります。物語を通して、アリスが何度か悩むのは、どうしてこんな世界かなんていうことではなく、別の一つの問いです。「やれやれ、今日はなんておかしなことずくめなんだろう。きのうは全然いつものとおりだったのに。ひょっとして夜のうちにあたしの方が変っちゃったのかな。いいこと、今朝おきたときはまえとおんなじだったかしら。そういえばちょっぴりちがってたような気もする。だけどもし、ちがっていたとして、だったら次の問題は、いったい全体あたしはだれなのかってことよ。ああ、なんてややこしい！」。

キャロルのこの本は、英国児童文学の歴史では最も重要なものの一つに数えられます。よく指摘されるのは、それまで子供向けの本たるもの、役立つ教訓がなくてはいけない、という考えが主流だった英国で、別に教訓などなく、むしろ教訓なんてとことん茶化して、魅力的で面白い物語だったという点です。確かに子供の本の歴史にとって大変有意味なこの作品自体には、受け取らなくてはいけない意味があるようには思えません。そして、意味がないこと自体が、どんなに写実的な記述や実話のような教訓話よりも、荒唐無稽なこの世界を真正面から描いているようにすら見えるのだから不思議です。目の前の荒唐無稽に意味なんか見出さずに、結構しっかり受け入れながら突き進む小さな女の子は、いろいろな不思議の国を散策する女の子たちとやっぱりどこか重なります。

大人になるにつれて広くなる世界は、時々思いもよらない広がり方をして、私を戸惑わせ、迷わせ、自分の形を変えさせてしまう荒々しいものでした。私たちは若ければ若いほど愚かだから、深く考えずに穴にすっぽり潜ってどんどん落ちていき、もともと持っていた常識を奪われるような事態に見舞われます。そしてすっかり大人になってしまうと、偶然出会った不思議な世界を善悪や敵味方の枠に当てはめて、自分がそこにいた意味など探してしまうものです。地上の世界は常識という論理でまわっているから、その常識から溢れる過剰には、そうである理由を求めてくるのです。私も大人になって、世間に何かと質問攻めにされていくうちに、ついつい自分の出会ってきた不可思議な世界全てを意味に落とし込んで、ただおかしいものという存在に対してずいぶん冷たくなってしまったと思うことがあります。本当は、無意味の自由こそ最も大切にするべきことだったはずなのに、大人はそれを自ら手放してしまうのです。

夜の世界には無数の物語があって、そこは昼の世界の論理が通用しないこともあるし、アンフェアなルールで攻撃してくる輩もたくさんいます。それぞれの人が、自分が主役の物語を紡ぐのに忙しいので、こちらの物語を無理に意味づけして囃《はや》し立ててきたりはしません。だれも救ってくれないし、だれも自分に意味を与えてくれないそこは孤独ではあるけれど、本当にやっかいなのは、意味や答えを用意しないと、こちらを無価値だと決めつけてくる昼の常識の方かもしれないのです。いくらグローバルスタンダードなんて言っても、所詮どこかの誰かが作った常識を、不思議の国にまで当てはめようという人たちに出会うと、そんな常識では全く無価値の自分や自分の過去に気が重くなるものです。そういうときは、アリスの迷い込んだお城の王様の言葉を思い浮かべるようにしていました。

「意味がないとすれば、こっちは大助かりだ」「わざわざさがす必要もないんだからね」

『不思議の国のアリス』（ルイス・キャロル著／矢川澄子訳／新潮文庫）

女の子の殻をさらに包む強力な殻

『〝少女神〟第9号』

フランチェスカ・リア・ブロック／金原瑞人訳

一三歳になる夏のこと

私が初めて眉毛を抜いたのは、一三歳になる直前、ヒットチャートではしつこくロンバケ（フジテレビ系ドラマ「ロングバケーション」）の主題歌が流れていた頃でした。人気歌手などの影響で細眉が大流行していたこともあり、中学に入ったばかりの友人たちの中にはすでに眉毛を整えて通学している子が数人いて、乗り遅れまいと思ったのが動機だったのだろうと今から振り返って推測しますが、最初は毛抜きの存在を知らず、ピンセットで抜こうとして苦戦し、夕方帰ってきた母が化粧箱から資生堂の毛抜き用ニッパーを出してくれました。母は彼女の時代の名残りなのか好みなのか、太いままの眉をさらにパウダーで少し太くするような化粧をしていたので、ニッパーのビニールのケースは普段使われていないのが明らかなほど薄汚れていたのをよく覚えています。

服を母とではなく友人と買いに行くようになったのも、ソニープラザで友人と初めてメイベリンの色違いの口紅を買ったのも、制服の長いスカートを毎日ベルトを使って短くするのが面倒になって近所の仕立て屋に持ち込んで裾上げしてもらったのも、ｄｏｓ《ディー・オー・エス》が出演していたティセラのＣＭを見て家族と違うシャンプーを使うようになったのも、ホックのないコットンのブラジャーをつけ始めたのも、背の高い友人たちがとっくに迎えていた初潮がようやく私の手元にやってきたのも、ちょうどその頃です。夏休みに入ると、極限まで細く抜いてしまった眉毛の隙間を埋めるアイブロウ鉛筆や、下向きの短いマツゲを引っ張りあげるビューラーや、真っ黒で横に広がる髪を簡単な手順で脱色できるブリーチ剤を買い込んで、大した用事もないのに友人たちと外で待ち合わせをしては、お互いの外見の変化に敏感になりながら、『プチセブン』などを回し読みして、脚のムダ毛はどうしているかなんて話に花を咲かせ、まだとても買えないブランドの財布について、プラダとヴィトンならどっちがいいかなんて真面目に議論していました。

自分の身体に何かしてみたくて仕方なかった

思えば、子供の頃の身体というのはその所有権が親にあるのか自分にあるのか曖昧で、自分が怪我をしたり身体を汚されたりした時でも、その痛みすら親と共有しているような感覚があります。それが急速に自分のものになっていくのを、身体に自由に手を加えてみることで実感したかったのかもしれません。自分の意思でセックスしたり、お酒を飲んで普段言わないことを言ったり、タバコを吸って肺を汚したり、そういう大人になってしまえばどうでもいいようなことを、どうしてもしてみたくてたまらないのも、親の嫌がるような服を着て、親の世代と違う化粧をしてみたくなるのも、そういった儀式の一環なのでしょう。

友人の子供がまだ小六なのにスマホを自在に操って、おしゃれなスウェットなど着て可愛く自撮りなどしているのを見ると、情報のない時代の私なんて全然もっとダサかったけれど、それでも自分の身体に何かしてみたくて仕方なかった。渋谷の高橋医院でファーストピアッシングをしたのが一五歳、高校を卒業する頃には身体に開けたピアスの穴は九つになっていました。ペンシルで自在に描けるように毎日のように抜き続けた眉毛は、今でも左右まばらにしか生え揃わないし、皮膚がカサカサになるほどサロンで焼いた肌は今ではトラブルだらけです。今ではアラサー、アラフォーでも女子会なんて言葉を使いますが、それでも徐々に身体が変化して、オンナノコからオンナに変わっていく長い時間を経たから、オンナになった今の私がいます。

そういう、オンナノコとオンナの間にある、センシティブで荒々しい時間を、パステルカラーのジーンズやヒョウ柄のソファやM&Mの緑色のチョコやダイエット・ソーダで彩りながら、九篇の物語にしたのがフランチェスカ・リア・ブロックの『〝少女神〟第9号』です。それぞれの物語には、これから自分に起こりうる変化を「でもトゥイーティー・スイートピーはもう知っていた。そのうちトゥイーティーちゃんの水着が着られなくなり、バケツの中に入れなくなる。そのうち、冷たい冬がやってくる。陽気でカラフルなテレビ番組の合間に流れる白黒の砂嵐のような冬が」と予感するまだ小さなコから、すすべな肌を「あたしには特別な秘密の美容法があるの。ロックスターの体液よ」と自慢していたのに一七歳でヘロインの過剰摂取で死んでしまったコまで、たくさんの、オンナになる前のオンナノコたちが登場します。

あんなに楽しくて眩い時間

身体が完全に自分のものになっていく過程にいるオンナノコたちは、不安なのに傍若無人で、傍若無人なのに傷つきやすく、傷つきやすいのに人のことも自分のことも平気で傷つける厄介な存在です。大人になった今では絶対しないような危険なことをこれでもかと言わんばかりにして見せては、ワタシまだ大丈夫と言いたがり、その割には、大人になってみれば大して苦痛に思わないようなことも時に命をかけてまで拒絶します。後からバカだったなとか、苦しかったなと思い返す人も多いのでしょう。でも思い返してみれば、あんなに楽しくて眩《まばゆ》い時間は他にないし、多分これからの人生で再び経験することも叶わないとも感じます。

「少女神〜」に登場するオンナノコたちの多くは、何かしら人と違った環境にいたり、特別な痛みを持っていたりします。母親が自ら命を絶ってしまったり、父がいなくて二人のママと一緒に暮らしていたり、いじめられていたり、ゴミ溜めみたいな街や美しいものが何もない場所に住んでいたり、父親がガンだったり、大好きなボーイフレンドが本当は男の子が好きなんだと分かったり、父が死んだ後は母と母がその夜に連れてくる恋人と暮らしていたり。

マンハッタンでの愉快な暮らしを気に入っていることもあれば、高校卒業で何より開放的な気分になることもあれば、親友と作ったミニコミ誌が好評で有頂天になることもあります。でもまた次の瞬間、小さな退屈や絶望、鋭い痛みが押し寄せて、心はとても忙《せわ》しない。まさに、オンナノコである自分の身体からオンナやオトナを生み出す直前のようです。それまで「二人のママ」ととても仲良く面白おかしく暮らしていたオンナノコもある時、「ふいにアナスターシャとイジーのことが自慢でも何でもなくなった。それどころか、はずかしくなってきた」と感じるようになりました。

それぞれの悩みは一つではなく、複数の困難が複雑に絡まり合っていて、一つの痛みがもう一つの痛みのせいのように思えることもあれば、一つの痛みさえ無くなれば他の痛みも無くなるのではないかと思えることもあります。プロム（ダンスパーティー）で踊った直後に一人のオンナノコは、ずっと親友になりたいと思っていた女友達の隣で親友というものについて考えながらこんな風に思います。「お父さんが病気じゃなかったら、せめてレナードが唇にキスをしてくれてたら、あたしはそんなに気にならなかったかもしれない」。

アドレッセンスの只中にいる人も、かつてその中で足掻《あが》いていた人も、痛みがそう単純ではないこと、そう単純ではないことがもどかしいことをよく実感しているかもしれません。

私自身、とても若い時には、他の悩みをペンディングにできるくらい大きな困難があれば、むしろ自分はシンプルに生きられる、と捻れた考えを持っていました。でも、大きな痛みがあったとしても、実際は細かいところもそれぞれ絡み合って、絡み合ったところが軋んで痛いのかもしれません。一つの悩みが解決したところで、ノットが解けるように物事がシンプルになっていくことなんてないのかもしれません。

オトナも弱いと知ることが

物語の中の彼女たちにとって、周囲のオトナもとても厄介な存在です。

「おとぎばなしがみんなほんとうになるはずがない、なんて教えてもらわなくてもいい。いわれなくてもよくわかっている。」

「ラーは顔を上げるのも、身動きするのもこわかった。ローズ先生がきらいになった。」

「急にイジーとアナスターシャのことがしゃくにさわってきて、何もしゃべりたくなくなった。いつもふたりは何でも理解しようとしたり、説明しようとしたりする。」

「パパが出てってから、ママはほんとにおかしくなっちゃったの。あたしが男の子といると、すごく怒るし」

オトナが厄介なのは、彼女たちがまだ身体の全部や一部、彼らの所有物のようでもあるからでしょう。そしてまだオトナやオンナになりきっていない彼女たちは、オトナもかつて自分のような苦しみの中から生まれたのだということを実感として知りません。だからオトナがしないような遊びをしたり、オトナの嫌がることをしたり、オトナの悪口を言ってみたりして、オトナと自分を差別化し、その度にオトナになりきってしまうのを拒絶するのです。時には自分自身を傷つけてまで、あるいは最悪の場合には命を落としかけてまで、スムーズな移行を阻止するのは、彼女たちがこれから否が応でも、自分にとって厄介な存在で時には敵になるような存在に、自らなっていかなくてはならないからかもしれません。

何か一つの答えや解決策で、青春の痛みが和らぐなんていうことはありません。身体が完全にオンナノコからオトナになってしまって、ピアスやタトゥーを自由にして、セックスを経験しても、痛みが後を引くことだってあります。それでもあの脱皮の、ヒリヒリした苦しみに、この物語は少しだけ薬を添えているようにも思えるのです。それは、オトナも傷ついていること、オトナにも痛みがあること、オトナも弱いということ。それを知った時に物語の中の彼女たちも私たちも、青春の痛みを少しだけ受け入れ、これが自分だけにアンフェアに降りかかっているものではないと学びます。

もちろん、そんなことを知ったところで、あるいはすでにそんなことを知っていたとしても、日常は平坦で、事件は荒っぽく、傷口は痛々しい。だからこそ、トゥイーティーの水着や、七〇年代の銀色の厚底靴や、ロックのライブとラッパ飲みするビールや、ピンクのミニドレスで彩られた眩い時間で、青春を誤魔化し、楽しみ、やり過ごす術が、私たちには与えられているのです。

『〝少女神〟第９号』（フランチェスカ・リア・ブロック著／金原瑞人訳／ちくま文庫）

娼婦になったり聖母になったりすればいい

『悲しみよ こんにちは』
サガン／河野万里子訳

夜に咲く女と昼に輝く女

明るく間抜けな昼の光の下では輝かずに無骨な姿を晒しておいて、夜になると東京中の何よりも綺麗に輝く東京タワーを見上げるたびに、娼婦のようだな、と思います。映画『赤線地帯』に出てくる若尾文子、或いは『娼婦ベロニカ』、或いはゾラの『ナナ』のように、オンナの身体と手練手管で上り詰めていく美しき娼婦の姿は、常に一〇代の頃の私の憧憬の的でした。見知らぬ男に触られ、見知らぬ男を悦ばす彼女たちは世間から侮蔑を投げつけられる存在でもありながら、その悪意をも取り込んだ神々しさは浮世の羨望を向けられるものでもあります。伸びるよりも咲くことを選ぶある種の人々の生き様は、自分の若さがいつか必ず喪失するものであるとは信じたくない私には、潔く思えました。彼女たちを目の前にすると、昼の光の下で男と肩を並べて、無骨なまま輝こうとする女性たちはどこか愚鈍で要領が悪いような気がしたのです。

そういった憧れと裏表に、世間から絶対に同情や軽蔑をされず、むしろある種の人々を堂々と見下して、昼間の真ん中で生きる小粋で上品な女たちにも、ちょうど同じだけの羨ましさを感じていました。母が作っていた海外の雑誌や新聞のスクラップブックには、米の警察機関で働くエリート女性たち三人にスポットライトを当てたインタビューがあり、中でも犯罪心理の専門官として部門のトップに上り詰めたのはモデル顔負けの美人で、そういった迫力を目の前にすると娼婦の華やかさなどいかにも安っぽく儚《はかな》げに思えました。

幼い私の中にあった二つの憧れは、憧れのうちは矛盾せずに心に同居できても、実際には前者は後者でないからこそ前者であり、後者は前者ではあり得ないからこそ後者であるという特性を持っているようで、どちらかを選べばどちらかを捨てなければならないような気がしていました。結局優柔不断な私はそのどちらも潔く手放すことはできずに、雅俗混淆な青春を過ごすことになります。大人になった今、私はそのどちらにもなれなかったけれど、どちらの憧れも消えたことはありません。おそらく、どちらか一方へ歩み寄ることができたとしても、捨ててきた方に後ろ髪引かれる思いは消えなかっただろうし、どっちつかずで時と場合によってどちら風にも装える人生は悪くないような気が、今ではしています。

一七歳の少女の一夏の計略と揺らぎ

娼婦と聖母でも、本妻と愛人でも、処女とヤリマンでも、エリート女性とオンナで勝負する女性でも、アンノン族とJJ女子大生でも、その括《くく》りは何でもいいのだけど、女というのは兎に角二種類の極端な肖像に重ねられるものです。生まれた時の条件がバイアスとなって関係することは否定できないものの、別に血液型のようにある種の類型を持って生まれてくるわけではなく、社会の中で生きる中で自ずと立ち位置を割り振られるようになることがほとんどです。そして多くの場合に、それは男性にとってどんな役割を担う女か、という物差しで作られてきました。本妻と愛人が最も分かりやすく対極的に見えるのは、男を挟んで彼女たちを眼差した時です。女の側も男を、刺激的な夜の相手と結婚相手、お金目当てと愛情目当てなどと分類することがありますが、現時点の社会構造を作っていたのが主に男であったため、男による色分けの方が濃厚で強力で支配的なものでした。そして昨今、結構女たちも、また無意識だった男たちも、その色分けが一方向的なものであることには気づいています。

構造に気づいたところで、瞬発的なイメージや感情がそう簡単に変化するわけではなく、色分けされていたはずの両者が混ざりあったり、色分けしきれない存在がいると、人の心はざわつきます。本を読む娼婦やセックスをする母やセクシーな学者が、その存在だけで少しスキャンダラスで、心がざわめくのはそのせいでしょうか。これは何も、その女を見ている男だけが翻弄されるわけではなく、自分と違う立ち位置にいる女性を見る女も、また見られている女自身も、自分の身の置き所が揺らぐようなざわつきを感じます。

父親という男性を挟んだ女性二人を間近で眼差す一七歳の少女の一夏の計略と揺らぎを描いたのが、自身も一八歳という若さでこの処女作を発表したサガンの『悲しみよ　こんにちは』です。ジーン・セバーグ主演で映画化された際には、主人公の名前にちなんだセシル・カットが日本でも流行した作品で、若く不安定な少女の昂《たかぶ》りや、父への曖昧な所有欲など微妙な感情の動きを捉えた描写は根強い人気がありますが、高校生の私にとっては女性の二つの生き様をセシルの目を通して目撃する経験でもありました。彼女に母はおらず、陽気で気軽で器用で女性にモテる父親と、その玄人風の愛人エルザとともに南仏の別荘で夏を過ごそうとしていました。そこに、知的で仕事のできる女性アンヌが訪ねてくるところから物語は転がり出します。

自分が否定されうる怖さと反発心

もうすぐ一八歳を迎えようとするセシルは、その若さと感受性の強さで、実に巧みにこの二人の女性たちの存在の意味と立ち位置の違いを把握します。二九歳の若い愛人であるエルザは「背が高くて赤毛の、社交的ともいかがわしいともいえる女性で、端役の女優としてテレビや映画のスタジオとか、シャンゼリゼのバーなどに出入りしている。やさしく、かなり単純で、見栄を張るようなところもない」。父にとってエルザのような存在はこれまでも何人もいたはずで、時に六ヵ月ごとに相手を変える父と、そのような女性たちとの関係は、セシルと父との関係を揺るがすものではなく、特に問題になりません。

対してアンヌは、「とにかく魅力的で人気があって、誇り高くもうっすら疲れの漂う、超然とした美しい顔だちの女性だ。強いて欠点を探すなら、唯一、この超然としている点だろう。愛想はいいが、どこか取りつく島がない。その揺るぎない意志と、人を気おくれさせるような心の静けさが、あらゆるところに表れている」と描写される、四二歳の服飾関係の仕事をする大人の女性です。父とセシルが付き合う騒々しいお酒飲みたちではなく、上品で理知的で、慎み深い人たちとの交際を大切にしているアンヌは、父やセシルの関係や生活を変えうる存在です。特にセシルがサボりがちだった勉学について、アンヌは恋やヴァカンスのゆっくりした時間より優先すべきだと頑なに説得してきます。

迂闊な父のせいで、アンヌとエルザは別荘でいっとき一緒に過ごすことになるのですが、そのことを知った二人はそれぞれ怪訝な反応を示します。エルザはアンヌが来ることを知ると、アンヌの社会的な地位についてさんざん質問し、アンヌは到着直後にセシルからエルザの存在を聞いて顔をゆがませ、くちびるが震えます。そして敏感なセシルは鈍感な父にこのようなことを言いました。「パパはアンヌが興味を抱くタイプじゃないでしょ。あの人は理知的すぎるし、プライドが高すぎる。それにエルザは？　エルザのことは考えた？　アンヌとエルザの会話、想像できる？　わたしはできない！」。そして実際、夏のヴァカンスは父が楽観的に考えていたような、簡単なものにはなりませんでした。

ヴァカンス中もきちんと手入れして美しくいるアンヌはその知性と品性を、日焼けで肌が荒れているエルザはアンヌより一三歳若いことを、それなりの切り札と考えているようです。

アンヌは共同生活の中でエルザに極端にやさしく接しますが、セシルはその優しさの意味を後から追想して捉えます。「アンヌは彼女を笑いものにするような、アンヌならではのあのぴりりとした断言をけっして口に出さなかった。その忍耐力と寛大さを、わたしは内心すばらしいと思っていたが、そこに巧妙さがしっかりひそんでいることには気づいていなかった。もしアンヌがさりげなく、でも容赦なくエルザをからかったら、父はすぐにうんざりしたことだろう」。

セシルはエルザには順当な親しみと、自分のコントロール下に置くことができるといったような見くびりを持っています。それに対して、かつて母の友人だったアンヌには、強い憧れや尊敬の気持ちと、自分が愛するそれほど上品ではないものを否定されうる怖さや反発心を併せ持っています。アンヌは、父とセシルが親しくしている知人を「頭が足りない」と言い放つこともあれば、セシルが若い頭でそれなりに重視している理屈を「くだらない」と見下すこともあります。そして父が、愛人として連れてきていたエルザを袖にして、アンヌと結婚すると言い出すことによって、物語だけでなく、セシルの感情の波は急展開を迎えることになるのです。セシルは、父とアンヌが結ぼうとしている関係は、エルザと父の間にあった関係と同質なものではなく、父という存在、それに付随する自分自身の生活というものが、根本から変質する可能性があるということを見抜くからです。

軽薄に見えても正しく見えてもどちらも脆い存在

父とともにくだらないことに愛着を持ちながら、まだ右にも左にもいける自由さを持って生きるセシルは、アンヌほど断言すべき信念はなく、エルザよりは思索する人間だと自分を位置付けています。アンヌから結婚の話を聞いた直後には、「不意にわたしは、騒がしいディナーやあの南米人みたいな男たち、エルザみたいな女たちを見くだしていた。心のなかに、優越感と自尊心が広がった」と、アンヌの知性と洗練によって変わるであろう生活を思い描くのに、父とアンヌと三人の対話が始まると、「彼女がいると、非難や良心の呵責のなかに落ち込んで、心のうちでしっかり考えることもできなくなり、自分を見失ってしまう」とアンヌのまさに知性と洗練を恨めしく思うようになります。何より、アンヌという圧倒的に良質でバランスの取れた正しい存在が入ってくることで、自分と父の自由が脅かされるのを嫌いました。「父とわたしにとって、内面の平穏を保つには、外部の喧騒が必要なのだ。そしてそれを、アンヌは認めることができない」。そして、自分の恋人とエルザをうまく利用して、父とアンヌを別れさせる計略を巡らせるのです。その自分の心境の変化を夏の暑さのせいにしながら。

この計略は結局、冒頭の有名な一文でセシルが「悲しみ」と呼ぶような感情に帰結します。この物語が重要であるのは、最初から取り替え可能であることが示唆されていたエルザは確かにアンヌという本物の愛らしきものを育む相手によって簡単に脅かされたものの、アンヌもまたエルザという愛人の存在によって脅かされるからです。アンヌはエルザに一種の余裕を持って接していますが、父がたとえ単純な女好き・狩り好きの側面でもってでも、或いは何か若さや元気の良さや男らしさのようなものの証明としてでも、エルザを再び求めることはあってはならないことでした。セシルの計略はそのアンヌの自意識を見抜いた上のものでした。「アンヌがけっして耐えられないことに、次のような点もあった。それは自分が、その他大勢のひとりにすぎない愛人になってしまうこと。いっときだけの存在で終わってしまうこと。彼女のプライドと自己評価の高さが、わたしたちの暮しをどれほど大変にしていたことか！……」。

その意味では、軽薄に見えるエルザの存在も正しく整って見えるアンヌの存在も脆いのです。一七歳の夏、セシルは当初、そのことには気づいていませんし、高校生の私にもそれは意外な事態でした。そして結局、存在が壊れてしまうのはアンヌだということは重く心に引っかかっています。「わたしは、観念的な存在などではなくて、感受性の強い生身の人間を、侵してしまったのだ」と、セシルはアンヌの脆さを自覚します。

なるべく長く気楽さを失わないために

高校に入って、騒がしい夜や無秩序な街を何より必要だと感じていた頃、私はサガンを読むようになりました。それはいかにも青春の、オンナノコの、自意識過剰で思い悩んだふりをしたような時期特有の経験で、長らくその名前のついた本を読むことがなかったのですが、三〇代になって、『悲しみよ　こんにちは』の新訳版を手に取って読んでみると、半分は一〇代の時と似たような小さな絶望を、半分はその絶望の上に重ねるべき自分の一生への腹づもりのようなものを感じます。二つ別個のように見える女の種類は確かに男性を隔てて可視化されることがあると思うし、私は何も、男の眼差しや色分けを全て拒絶したいなんて思わないけど、どちらにも脆さと眩さと危うさがあるのであれば、なるべく長く気楽さを失わないために、娼婦になったり聖母になったりしようと思うのです。両極に色分けされ、その場に縛ってこようとするような立ち位置は、必ずしもそれを作り出す視線を拒絶しなくとも、裏切ることができる気がします。不可侵と思い込まれているような領域と領域の間を器用に行ったり来たりしてはいけないなんて実は誰も言われたことはありません。

『悲しみよ　こんにちは』（サガン著／河野万里子訳／新潮文庫）

女子高生にある個室の自由

『いつだってティータイム』

鈴木いづみ

トイレは残された路地裏的なものの代表格だった

女子高生にとって自由な場所というのは少ないので、多くの場合、必然的にトイレは思い出深い場所になります。学校でタバコを吸えるのはトイレの中だけだから、一つの個室に二人や多い時は三人で入って便器を囲んで、期末試験がどうのとか、週末にクラブで歌うんだとか、そんな話をしては、吸い殻がうまく水洗で流れるように、水をつけたトイレットペーパーで絡めて便器に落としていました。それを教師たちも分かっているので、運の悪い友人が教師の巡回に出くわして停学処分をくらったのもトイレの中だったし、鏡の前で昼休みに入念に化粧をしたり、面接のためにスプレーで一時的に黒く染めた髪の毛を冷たい水とコンビニのシャンプーで洗い流したりしたのもトイレでした。

街にあるトイレも女子高生にとっては小さくて自由な宇宙です。渋谷駅前にできたばかりだった大手CDレンタルショップのビルのトイレは、私が初めて一万円もらって男の性器と射精を見た場所だし、神南郵便局の向かいの大きなCDショップのトイレで、合法だよ、と言われていかがわしい錠剤をもらったこともあります。昔のポップ音楽には路地裏や街角などの場所が登場することが結構ありますが、全体的に明るく健康的にデザインされつつあった街では、そこで何が行われているか完全に把握されない隙間というのがどんどん少なくなっていて、トイレは残された路地裏的なものの代表格だったと言えます。

かつて道玄坂に存在した大きな書店のビルとセンター街にあった横に広いCDショップは、トイレに入るために毎日のように入った場所です。特に、九八年に開業したばかりだったその書店ビルのトイレは真新しく綺麗で、なおかつ上層階のトイレでは列ができることがほとんどありませんでした。私は不躾でワガママな女子高生ではあったけれど、それでもトイレ本来の使い方ではない方法で何人もの人を待たせるのは心苦しい。そういう意味で、お気に入りの場所でした。

私はその書店の上層階にあるトイレを、主には制服から私服に着替える場所としていました。女子高生の制服は、それを着ているだけで何の才能もキャリアも知識も経験もない無価値な若い女が一〇〇万円の価値すら纏《まと》うことができる魔法のレッテルであると同時に、女を女子高生という枠の中に押し留めようとする拘束着でもあるので、女子高生の枠から飛び出す夜にはあまり都合が良くありません。だから私たちは、飲み会やイベントの前、なんとなくクラブに行きたい時、お見合いパブなどでお小遣い稼ぎをしたい時などは、街の宇宙であるトイレで、昼の姿を脱ぎ捨てて、夜の装いに変える必要があったのです。

渋谷の新しい書店ビル、四階のサブカルチャーの棚で

私にとって女子高生の頃の思い出というのは、この、昼と夜のあいだにある時間のものが思いのほか多く、それは必然的に、書店やＣＤショップのトイレの中を含みます。この、世間で高校生と括られる姿と、そこから逸脱しきる姿の中間あたりが、私たちの本来の実態に近かったというのが理由の一つかもしれないし、親の庇護の下にある子供と、それを離れる大人のちょうど中間にある女子高生という立場が、その制服と私服の中間のような時間と相性が良かったのかもしれません。

学校の図書室なんて入ったことはなかったけれど、綺麗なトイレ目的のためとはいえ、街の書店には毎日のように足を運ぶことになりました。私が女子高生時代に出会った本の多くは、この、トイレが着替えるのに適した、渋谷の新しい書店ビルの中で見つけたものです。教師や親は私たち女子高生の、制服に収まりきる程度の部分を愛してくれても、そこからはみ出る、私服にしか入らない部分には怪訝《けげん》な顔をするものです。それはそれで、教育者としては間違っていない気もするけど、少なくとも私の場合、文学や音楽やもっと言えば学ぶという事に、私自身を接続してくれたのは、昼のくだらない学校の授業やくだらないことを言うのが仕事である教師たちではなく、夜のための控え室となっていた渋谷の書店でした。私が制服に入り切る程度の生活をしていたら、着替えるのに便利なトイレを見つけ出す必要はなかったし、そろそろ書棚の本にでも目をやらないと退屈だと感じるほど、毎日同じ書店に出入りすることもなかったわけです。こういう、失礼で非常識な女子高生を受け入れてくれる街の緩みが、結果的に私を夜の闇に落ちきらない女に育ててくれた気もします。

渋谷にできたその書店は場所柄なのか比較的新しい経営母体からなのか、新宿にある老舗の書店や、東京駅の近くの巨大な書店よりも、ずっと表面的なことに開かれていました。書店は意味の集合体のような場所だけれど、女子高生の頃の私が渋谷のその書店が好きだったのは、無意味なことを恐れない、全力で肯定してくれるような側面を持っていたからです。一階の雑誌コーナーに豊富に揃っていたファッション誌やカルチャー誌のバックナンバーも、地下のただただかっこいいだけの画集やアートブックも、最上階の漫画のセレクトも、気づけば夜の予定に遅刻するくらい見入ってしまうほどでした。

一時期は六階のトイレを使っていたのですが、そのうち四階のトイレも結構空いていることに気づき、四階のサブカルチャーの書棚の近くにあるトイレに通うようになりました。最初は脇目で追う程度だった棚ですが、そのうち色々と物色するようになり、そうやって見つけた本の中に、数年前に一気にシリーズで刊行されていた鈴木いづみコレクションがありました。ピンクの背表紙が書棚の上の方にずらっと並んで、一、二冊引き出してみると、表紙は全てアラーキーの撮った鈴木いづみ自身の写真でした。カメラの前で裸とかになっちゃうような彼女の文章は、直感的でもあり、ひどく論理的なこともあって、明るいけれど、常に諦めているような軽い絶望と共にありました。モデル、女優、作家と、多様な顔で七〇年代を彩った彼女が、たった三六歳で、ストッキングで首を吊って死んでしまったことはなんとなく知っていたけど、私が知っていたのは彼女のドラマチックな死のみであって、その死に至るまでのドラマも非ドラマもよく知りませんでした。

芯から痺れるような一文を拾い集める

エッセイ集『いつだってティータイム』の中で、彼女は自分についてこんな風に描きます。

「精神病理学的なイミにおいて、わたしという人間は、かなりおもしろい見本だとおもう。コンプレックス（複合感情）はひと一倍だし、つねにアンヴィヴァレンツ（愛と憎しみのような両極端）にひきさかれている。なおかつ過敏すぎるくせに、非常に鈍感である。敏感なところより、にぶい部分のほうがはるかに広大なのだから、いやになる」

女子高生というといかにも自意識過剰で、自分の価値が億のようにもゼロのようにも感じられる時期ですが、私はそんな年齢の頃、どうにも理性的な人間というものへの憧れを捨てきれず、要は自分の直感的なものや感性による選択というのを軽視する傾向がありました。ただし、知識も責任もない女子高生が想像する理性なんていうものはただの一見合理的に見える冷たい態度でしかなかったりして、しかも性格的にはどう考えても感情的で感覚的だった私は、どうしたって好き嫌いとか気持ちいい気持ち悪いで判断してしまう自分自身と、理性をどう接続すればいいのか分からず、考えあぐねていたように思います。

はたして、鈴木いづみは大変好き嫌いのはっきりした、しかもそれを言葉にすることを恐れないような態度を見せますが、常に自分を上から見下して、揶揄する体力があるようにも見えます。私はこの体力こそが私が願って欲しがっていた理性のようなものなのだと信じます。彼女は新宿や浅草や原宿をタクシーなどで移動しながら、自分の感性を恐れずに生きていました。自分の感性を信じることは世界と自分のずれを意識することであり、すなわち孤独であることだから、孤独であることを受け入れた人のように、私には思えます。

「わたしはじつに安易に『わたしなんか、絶望の人生だもん』などと口にだす。正常な人間にとっての『絶望』ということばは深刻なひびきをもっている。それはあたりまえだし、あたりまえだということを、わたしは知っている。にもかかわらず、口にだす場合はほとんど信用してはいないのだ。信用できないことばをつかって、なんとか自分の内部の暗闇をあばきだそうとしている」

このエッセイ集が編まれた七〇年代は私が生まれる直前の時代です。私は大人たちの言葉の中にしかその時代を想像する術がなかったけれど、妊娠中に夫に「おまえは頭がおかしいのだ」と言われながら酷いつわりで吐き続けた彼女の人生が容易《たやす》いもののようには思いません。ただ、映画や音楽を語る彼女の語り口は軽快で、時にポップでもあります。時代を恨むことも、運命を恨むこともせず、過度に自虐的にはならないけれど、自分という人を容赦なく言葉で切っていく彼女の本を、一冊ずつ手に入れるのが私の一時期の書店での、着替え以外の日課になっていきました。何か息つく間もないストーリー展開に夢中になっていたわけでも、何かを学び取ろうと必死になっていたわけでもないけれど、彼女の紡いだ多量の文章の中から、私が芯から痺れるような一文を拾い集めていくのが楽しかったのです。

まだしばらく、くだらない人生を歩まなければならないけれど

「たいていの音楽はきく側をだますようになっている。それは、音楽というもののもともとのしくみだから、しかたがない。やる側にそのような意識はなくても。ロックはまさしく、そのための音楽という気がする。きいていると、安心感がある。動物的感覚を昂揚させ昂奮させて、その肥大したなにかでその他の感覚をまひさせる。ロックは電気マッサージだ。きく者をなだめすかし、いわばうさばらしに一役かう。そしてわたしは、音楽はそのようなものだ、とおもっている」

書店と並んで私のお気に入りの小宇宙トイレのあったＣＤショップで、私はより一層、ロ

ックのコーナーばかり見るようになりました。なんとなく流行していたR&Bやヒップホップよりももともとパンクロックが好きだったのだけど、R&Bについて、「いくら激しく陽気そうなリズムでも、彼らの苦悩が底に流れている」と描いた鈴木いづみの一文を取り込んで、ずいぶん影響されて、私の好みは形成されていったのだなと今となっては思います。女子高生時代に読んだ本を今読み返すと、今信じている自分の感覚のネタばらしをされているような、ちょっと微妙な気分になると共に、その出会いに改めて感謝するものです。

「速度が問題なのだ。人生の絶対量は、はじめから決まっているという気がする」と描いた彼女が死んだ年齢を、今の私はついに超えてしまいました。私はあの、子供と大人の、昼と夜の、制服と私服の中間にあった時間に、感性を信じて理性を保つという一人の女性の文章を拾うことのできた、とても幸運な女だったなと思います。私はどうやらまだしばらく、くだらない人生を歩まなければならないけれど、あの時、女子高生の身体を痺れさせた言葉たちが、私に、孤独との向き合い方の幾ばくかの方法を教えてくれました。少なくとも、生真面目な不良だった鈴木いづみは、その時々をやり過ごす方便もいくつも残していった気がします。

「われわれには罪がある、とおもう。するとすべて納得がいくのだ。だから、こんなにつらいあるいはおもしろくもない人生をやっていかなければならないのだ」

あいにく、私が日々着替えに寄っていた書店のビルもセンター街の大型ＣＤショップも、その後はファストファッションのお店になって今はなくなってしまいました。それでも、女子高生が制服に収まらない夜を過ごすための小さな緩みを、街が残していることを願います。

『いつだってティータイム』（鈴木いづみ著／文遊社　鈴木いづみコレクション５）

第2章

セックスなんかで分かるもの

それももっともな話だ。彼女はもう、ヴォルガの月夜も、恋の告白も、小屋での詩的な生活もおぼえてはいなかった。おぼえていたのはただ、つまらぬ気まぐれから、いたずら心から、全身を、両手両足もろとも、なにかきたならしい、ねばねばするものでよごしてしまった、ということだけだった。そのよごれを洗い落すことはもはや絶対にできないのだ。

チェーホフ「浮気な女」より

（木村彰一訳）

資本主義と愛と整合性のないカラダ

『ｐｉｎｋ』
岡崎京子

娼婦としてこの社会を傍観してみると

お金をもらって誰かと寝てみると分かることがあります。分かるというより、見えてしまうと言った方がいいのかもしれません。それは、人はとにかく矛盾が嫌いな癖に、この世の論理は全くもって首尾一貫していない、ということです。そしてその整合性のないことを隠蔽するために、人はとても器用に世の中を、実際にはない色で色分けしたり、実際にある色を塗りつぶしたりして、ひとまず自分のための目眩《めくらま》しをして日常をやり過ごしています。

そんなことは、実は売春なんてするまでもなくみんな分かっていることなのだけど、人はお金を払うことで矛盾を補えるという錯覚を持つため、幾らか迂闊《うかつ》になりやすい。やっぱり社会の歪《ゆが》みや論理の破綻を傍観するのに、娼婦ほど良いポジションはありません。お金を払っている側は、買ったという口実のもと、一瞬だけ罪悪感や気持ちの悪さから解放されるので、娼婦の前では自分が通常信じている論理を離れて、ヘンなことを平気で望み、ヘンなことを平気でしてくれます。さらに、お金で買ったというのが最強のエクスキューズになっているにもかかわらず、お金で買ったわけじゃないという幻想を大切にしたり、お金で買えないものを望んだりと、最後まで矛盾し通します。

世界最古の職業とよく言われる売春は、もちろん資本主義が現れるはるか前、古代ギリシア・ローマ世界にも存在していたとされますが、資本主義社会で実に豊かに発展し、大きく花開きました。ただし、生身の肉体を通して行われるため、この世の一切が商品になることを象徴する存在であると同時に、お金で買えないものがあるということを常に人に諭し痛感させる存在でもあるわけです。ホステスに入れあげる男が、時に心を壊すのは、買えているのに買えていない、という矛盾に耐えられなくなるからでしょう。その矛盾を内包する娼婦は、まず自分の肉体を通じて、さらに自分を買う人の心身を通じて、そして自分と買う人を繋いでくれた場所を通じて、現実には整合性がないということを学ぶことができます。

そんな現実世界を生真面目に「生きづらい」と言葉にする人が増える中、性を売っている最中の人が「生きづらい」と言葉にすることはあまりない。それは別に、器用だからでも満たされているからでもなく、生きづらさへの疑問なんて答えを期待するだけ無駄、とある種の諦めを持っているからです。こんなにも穢《けが》れてこんなにも矛盾してこんなにも壊れた世界を目の当たりにしすぎて、スッキリ生きやすいなんてことはありえない、絶対に解などない、と思っている人は、世の中の間違い探しをする必要がありません。その代わりに、全てを棚上げにして、世の中がどうであれ、私はこれさえあれば生きられる、と思うに足る優先事項を持っていることがあります。

ホストはよくできた空の箱のようなもの

歌舞伎町のホストクラブは、このパンデミックの中でも客足が途絶えず、むしろ売り上げを以前より伸ばしている店すらあるようです。それは一つには、外界と切断された独自の宇宙にあるからで、もう一つには、一部の消費者にとって全てを棚上げにする「優先事項」の一つになっているからです。ありふれた話であるという点でオリジナリティはありませんが、ホストはたどり着きやすく分かりやすい「優先事項」の一つです。

ホストクラブは大して有意義なことをしてはくれません。栄養のあるものや美味しいものが食べられるわけでもなく、美味しいはずの高いシャンパンも、割り箸で炭酸を抜いて一気飲みしてしまえば味気ない。特別秀でた芸が見られるわけでも、店内でスペシャルな性的サービスが受けられるわけでも、美容やダイエットにいいわけでもないし、濃厚な議論をするにはBGMがうるさく落ち着きもありません。

にもかかわらず、或いはだからこそ、自分の持ちえる全ての労力と経済力、そして時間を費やせるほどの受け皿がそこにはあります。言ってみれば、ホストはよくできた空の箱のようなものです。そこに私たちは自分にとって必要なスリルとファンタジーを投入し、世の中がどんなようであってもこれさえあれば大丈夫、と信じられるほど強固な「優先事項」にしてみせます。ホスト通いをしているオネエサンたちがしばしば自分たちのことをホス狂いと呼ぶのは、一般的な優先順位が崩壊している様子がいかにも「狂い」の名に相応《ふさわ》しいからです。ショッピングやギャンブルやアルコール、或いは薬物と比べたとしても、そこにどんな物語を載せるかという点において圧倒的に自由度が高いホストクラブは、整合性のない世の中をペンディングにしてファンタジーに飛ばしてくれる仕掛けとして極めて優れているとも言えます。

一般的な優先順位を壊してしまうことは、壊れた世の中を自分勝手に解釈して生き抜く上でとても有効であるけれども、反面とても危ういことでもあります。たくさんのお金を稼いでいるのにもかかわらず、家賃や光熱費や食費など、一般的には優先順位が高いとされているものに割くお金が確保できなくなったり、友人付き合いや家族との交流に時間や労力を割かなくなったり、一年先の生活や健康や命さえも、今夜の幸福より疎《おろそ》かにしてしまったりします。労働基準法をガンガン無視して働き詰めてしまうこともあります。ホストに通うために働くのだけれども、働く英気を養うためにもホストが必要になって、自分の中で手段と目的が激しく相互依存的になります。そうまでしてファンタジーで補完しなければならないほど、世の中は矛盾に満ちたものだとも言えるわけですが。

不条理な東京に生きる不条理な個人

何もホストクラブに限らず、もっとユニークな方法で世の矛盾を棚上げにしている人もいます。一九八九年に発表された岡崎京子『ｐｉｎｋ』の主人公は、ＯＬ兼ホテトル嬢のユミちゃんですが、彼女は一時期、ペットのワニと暮らすことで、矛盾した社会と完璧なバランスを保ちながら暮らしていました。「TVみたく暮らしたいしananのグラビアみたく暮らしたいな」という彼女は、花屋で買った大好きなピンク色のバラを見て「お金でこんなキレイなもんが買えるんならあたしはいくらでも働くんだ」と力が湧くほど、東京の資本主義とも完璧にうまくやっています。彼女の「スリルとサスペンス」であるワニは、一日一〇キロものお肉を食べる大食らいで経済的に圧迫してきますが、ユミちゃん的には、「つまんない仕事もBランチの毎日もあたし平気」「だって私にはワニがいる」「それを守るためなら何でもするわ」と、彼女にとっての世界を「平気」なものにする最重要なものとしてそれを何より優先します。ワニがいるから「平気」なのだから、ワニがいなければ「平気」じゃないということになります。

彼女のお母さんはすでに亡くなっていて、母の後釜には「オヤジの金だけが目あてでくっついたインバイ女」が座っています。ユミちゃんはその穢《きたな》い女を通じて、毎月父親からのお部屋代をもらっています。OLのお給料、ホテトルの客から支払われるオカネ、インバイの継母《ままはは》が渡してくる部屋代は、ワニの胃袋の中に入ってしまえば意味も差異もなくなります。「強くて冷たくて何でも食べちゃう」ワニは、この世がどんな風であってもそれを丸ごと飲み込んで、夜寝る前にはトントンにしてくれる最高のファンタジーです。ホストだって、危険で都合が良く冷たくてどんなオカネも、時にはオカネ以上のものも食べてくれますが、本来は人だって平気で食べてしまえるワニには敵いません。

さて、継母の子供である小学生の妹は子供であるが故にやたらと本質をつく存在で、その子に言わせれば「オトナってスケベでウソつきだしフクザツでやっだー！」な世の中は、なるほど確かにつまんない仕事や嫌な客、死んだ母親の着物を勝手に着るようなインバイ女で溢れていて、全く不条理なものです。さっきまで「メス犬チンポ」なんて失礼千万《せんばん》だったホテトルの客が、テレビで動物愛護について「ごもっともでせいけつなお話」をしているような社会です。ただ、そんな世界をワニに載せたファンタジーとともに器用に生き抜こうとするユミちゃん自身もまた、特に整合性は取れていません。「早く奥さんになりたいな」「しあわせでみちたりたサザエさん家《ち》みたいな家庭がいいな」とか言う割には、「目指すは玉ノ輿《こし》！」なんて夢想するＯＬの同僚を見て、「そんなにお金欲しければカラダ売ればいいのに」と白けます。そのかわり、自分がどんなに矛盾しても罪悪感に押しつぶされたり、疑問を抱いたりはしません。不条理な東京にいるのだから、個人も不条理であるに決まっているからです。

そんな風に完璧なオンナであるユミちゃんは先ほど言ったように、ワニがいるから「平気」なので、ワニがいなければ「平気」じゃなくなります。それまで壊れたゴミの山の上で絶妙なバランスで立っていた彼女は、ワニが行方不明になった途端に、「どうしてあたしはここにいるの?」「どうしてここに立ってるの?」と頭の中がクエスチョンマークだらけになって、道にぺたんと座り込んでしまいます。

ワニは悪者につれさられたことになっていますが、実際は愛のようなものの予感とともに姿を消しているようにも見えます。その直前、継母のツバメである小説家の男の子とセックスしまくっているユミちゃんを見てワニは、「今の御主人様のジョータイは何だ?」と不安になっているからです。

ファンタジーを失ったあとに待っているのは

そんなわけで、不安定になっていたユミちゃんも、愛とオカネと東京からのエスケープの予感が押し寄せたことで、一気に立ち直ります。新しいファンタジーと、それを具現化する手段が見えたのだから、また「平気」になるに決まっています。そして、目の前のことしか考えないユミちゃんが、ファンタジーに身を委《ゆだ》ねる寸前、ざわつく雑踏を「カンケーない」「どーでもいいそんなこと」と、きっぱり無視して、幸福を待ち構えているところで物語は終わります。

目の前のことしか考えないユミちゃんに見えていないものを見てしまう読者としては、本当はとても残酷な終わり方をする作品です。しかも、その残酷さに、ユミちゃんがホテトル嬢であったことがちょっと関係しているし、愛の暴力性も関係しているし、「あたし達にはカンケーないもん」と彼女が断言したようなことも関係しているので、さらに残酷です。彼女には頑丈なファンタジーがついていたはずで、そのおかげで東京の穢れなんて「平気」で「カンケーない」はずだったのに、実際は死ぬほど関係していたのです。読者としては、そんなのって酷い、という気分になります。

では、ファンタジーを失った人はどうなるのでしょうか。ワニを失ったユミちゃんは新たなファンタジーを少なくとも一時期手に入れて、再び「平気」な状態になっていました。確かに、壊れた世界をペンディングにできる優先事項は、それが普遍的なものでない限り危なっかしいものですが、だからって、ワニなんかに頼って生き抜こうとしてはいけなかったのでしょうか。ワニというかっこいい生き物やホストクラブというキレイにデコレーションされた箱に、思い通りのドラマチックなファンタジーを詰めて生き抜こうとするのはやっぱりリスキーに過ぎるんでしょうか。そういえば『ｐｉｎｋ』の悪役である継母も、かつては鏡を見るのが大好きで、欲しいものを何でも手に入れる、資本主義と仲の良い若い女でした。今でも小学生の娘に「ママみたいにしあわせになるのよ」と虚勢を張るくらいの元気はありますが、内実とてもイライラしていて、彼女もまた人間の男というペットを買って飼っています。そしてそのファンタジーが壊されるとイライラは頂点に達してしまいます。

そもそも誰も平気じゃない

『ｐｉｎｋ』が描かれた八〇年代から九〇年前後に比べて、九三年刊の『愛の生活』あたりから岡崎京子作品はもう少しヒリヒリした匂いを帯びてきて、あんまり「平気」じゃない、その平気じゃなさをもっと突き詰めて描かれることが増えていきます。『ヘルタースケルター』『リバーズ・エッジ』『チワワちゃん』と、最近になって比較的後期の作品が映画化されたのは、平気さよりも平気じゃなさの方が生真面目に「平気じゃないし生きづらい」と唱える今の時代の女の子たちにとって、寄り添いやすいからかもしれません。やっぱり誰も平気じゃない。

個人的にも世界が平気じゃないことには同意します。でも、平気じゃなくなることなんてありえないとも思っています。危ういファンタジーでとりあえず「平気」になることはあまりに危なっかしいけど、それ以外の「平気」は見当がつきません。だって娼婦になってみれば見えるように、この世はあまりに欺瞞と矛盾に満ちています。偉い先生は「平気じゃないことと向き合い、言語化して、悩みなさい」と言うかもしれません。それも一つの生き延びる方法かもしれませんが、そんな体力がある日ばかりではないし、そもそも平気じゃないのだから、別にそっちの方が偉いともそこまでは思いません。

そう言えば、最近芥川賞を受賞した宇佐見りん『推し、燃ゆ』も、優先事項足りうるファンタジーとその喪失の物語でした。その主人公にしても、『ｐｉｎｋ』のユミちゃんにしても、優先事項の喪失は非常に平気じゃない事態ではあるし、喪失が薄々見えているのにそれさえあれば平気という危なっかしい状態になってしまった彼女たちは愚かでもあるし、ユミちゃんがその後どうなったか私たちは知る由もないのだけど、そもそも誰も平気じゃないのだから、一回でも「平気」になった彼女たちは賢い上に幸福であるような気もします。誰も平気じゃないこの滑稽な世界で、一瞬でも平気になる瞬間を、私としては愛したいとも思うのです。

『ｐｉｎｋ』（岡崎京子著／マガジンハウス）

たかが一度や二度のセックス

『性的唯幻論序説 改訂版 「やられる」セックスはもういらない』

岸田 秀

女性にはAVもTENGAもつまらない

アダルトビデオを、ラブホテルのBGM程度ではなく、ストーリーを把握できるくらいしばしじっくり鑑賞したことがある女性がどれくらいいるかは分かりませんが、レンタルビデオ店で借りたり、歌舞伎町のその手の店で購入したりしないとなかなか観ることができなかった時代に比べれば、オンラインで無料で動画を再生できる現在ではかなり多いと推察します。初めて見ればそれなりに興味深いかもしれませんが、虫を食べながらセックスをするとか、性器に小型マイクを突っ込むとか、ひたすら尿意を我慢させるとか、そんなマニア向けのものでない限り、どれもこれも似ている上に、キャミソール姿の家庭教師が突然脱ぎ始めて、「次はここをお勉強しましょう」なんて言ってくるような「絶対にあり得ないけどAVではものすごくよくある光景」の繰り返しで、よほど特異な楽しみ方を見つけられない限り、基本的に全然面白くはありません。

マニア向けのものだって、「誰がこれに欲情するのか」と、広範囲に広がる性的興奮の世界と、それに細かく対応する日本のエロビデオ業界をメタ的な意味で楽しめるというだけで、コンテンツそのものに感動する女は少ないでしょう。むしろ感動的なくらいにつまらないかもしれません。やはり女である私にとっては、つまらない上に使えません。どれくらい使えないかというと、誕生日にTENGAをもらうくらい使えません。

私は実際にアダルトビデオに出演する仕事をしていたので、仕事で実際の台本を何度も見た事がありますが、シチュエーションや着ている服のパターンと、こちらが演じるべきキャラクターのパターンを把握してしまえば、ほぼそのパターンの組み合わせがくるくる変わるだけなので、中堅以上のAV女優になってくると、台本も結構いい加減なものになります。みんなが出かけた後の家で演じるキャラクターであれば、最初は抵抗するけど徐々に乗り気になる義妹、会議室であれば、出来る女風のスーツ姿で誘惑。シチュエーションを言われれば、大体できてしまうからです。

そんなものを大の大人たちが真剣に作り、商業的に大きなマーケットを持って、毎年何万本もの新作が発表され続けることは、多くの女性にとっては、ただ世の中はこういうふうになっている、という程度の認識で、イマイチ理由の分からない事態だと言えます。それは当然、アダルトビデオが、人の余暇を充実させるとかエンターテインするためにあるのではなく、多くの女には最初からついていないペニスを勃起させて、射精の手助けをするためにあるからです。そういう意味でも、ＡＶは漫画や映画よりもＴＥＮＧＡにちかい。もちろん、例外的にコンテンツとして優れていたり、工夫のある台本がよく練られていたりするものはあるけれど、それは本来的な目的とは別に、作り手が忍び込ませている副次的なものでしかありません。

ゴーゴーバーとブルセラショップ

女の私にとって、性産業に従事しようが、水商売を長くやろうが、或いはかつて男が独占していたような仕事に果敢に入っていこうが、昔の男のように大学でゴリゴリ勉強してみようが、男のことは正直いまだに全く分かりません。

昔、アジアの某売春地帯で偶然知り合いのオヤジとすれ違って、綺麗なおねえさんを連れていたので、ゴーゴーバーの連れ出しを楽しみに来ていたのかと思ったら、聞けば夜のおねえさんではなく、クリーニング屋のおねえさんと金額交渉をして、ゴーゴーバーの連れ出しと同じ値段を出して二日間の恋人期間を楽しんでいるのだという。「右を見たら売春宿、左を見たら連れ出しバー、前を見たら立ちんぼのいるこの地域で、あえて別の労働をしている女性にお金を払って相手してもらうこの情緒がお前にはわからんだろう」と言わんばかりの口調でしたが、確かに、本当に恋に落ちるわけでもなく、お金は同じだけ払って、あえて素人とセックスをしようとする情緒なんて本当に1μも全くからきしワカラないなと思ったのをよく覚えています。この話を男性にすると、「よくわからん」とか「わざわざあそこまで行くなら高級バーの綺麗なおねえさんの方がいい」とか「俺はお金を払ってセックスなんてしたくない！」という人もいますが、「わからんでもない」という人もおり、男だってもちろん一枚岩ではないのですが、若い当時の私には、それが売春婦を買うより酷いことなのか同じことなのか、そもそも「サイテー」とかいう類の悪いことなのか、或いは取るに足らないことなのかも分からないほど謎でした。

思えば、私が女子高生の時に通っていた渋谷のブルセラショップで、パンツやルーズソックスに一万も二万も払っていた男たちにも同じように、何が嬉しいのか分からないし特に分かりたくもないと思っていたものです。正直、そこで満足するのが男のどんな部分なのか、一体大金と引き換えに何を買っているのかが分からないので、特に屈辱的な気分にはならず、この世は靴下に足を通してそれを一万円で売れる私と、私が足を通した靴下を一万円で買おうというオジサンなどでできている、ラッキーくらいにしか思いませんでした。夜の世界に長くいることのデメリットはそのような、こちらから見ると馬鹿らしい欲望を抱く男性を目の当たりにしすぎて、こんな生き物と分かり合うなんて無理、という絶望を纏《まと》ってしまうこともしれません。

男の性的興奮を解体する

岸田秀『性的唯幻論序説　改訂版』の中に、「わたしも、昔、大学の講義で『強姦されそうになったら、股を広げてニタニタ笑い、はい、どうぞ、しっかりがんばって、と言えばいいんじゃないか。そうすれば、男はペニスが萎えて強姦できなくなるんじゃないか』と言ったことがある」というくだりが出てきます。岸田は松浦理英子の「フェミニストも、レイプは女性に対する最大の侮辱であるなんて言わないで、（中略）そんなことは何でもないって、もっと言っていくべきだと思う」という言葉も引用し、「強姦する男が興奮する条件である、女を侮辱しようとする狙いをはずすこと」について考えます。当然、岸田秀の言葉も松浦理英子の言葉も、強姦男を擁護するものではなく、強姦男の性質と狙いを逆手にとって、そのプライドをへし折る理屈として編み出されたものです。女のこちらからすると、男が何に欲情するかなんて知ったこっちゃないと一蹴してしまいたくもなるのだけれど、男の性的興奮を解体することは彼らを興奮させることもできるし、その興奮をへし折ることもできるという意味で、結構意味があるんじゃないかと思う所以《ゆえん》はこういうところにあります。

一九九九年に刊行された「性的唯幻論序説」を、約一〇年後に時代の変化を念頭に加筆する形で紡がれた同書は、わたしがからきしワカラナイと匙《さじ》を投げた、その男女双方の分かり合えなさが、どうしてそのようであるのか、と考える際に支柱となるような本です。この本の前提は、「人間は本能が壊れた動物である」ということで、「性にまつわるいっさいのことは本能ではなく幻想に基づいており、したがって文化の産物であって、人間の基本的不能を何とかしようとする対策またはその失敗と見ることができる」という立場に立って、売春、強姦、女性の商品性、ポルノ、愛と性の分離、ひいては性差別（女性差別）を広く解説します。読者は、分かり合えなさを支える非対称性と、「やられる」側としてなんだか一方的に差別されているような女性の不利条件を、「本能が壊れた」人間の、男女が全く対等ではないセックスを起源として学び直していくことになります。売春や従軍慰安婦や強姦まで時に正当化する「男の本能」論理の欺瞞も改めて指摘されます。

男女が同時に満足するのはもともと無理

分からないことを分からないままにしておいたら得なことというのが確かにあることを私は否定はしません。男の論理など知ったこっちゃないと言って、しかしこちらから見て単純にすら見える男の性質を理解したつもりになって、こちらはこちらの勝手な都合でセックスで安心感を得たりオカネを得たり自分をイイオンナだと思い込んだりオジサンを味方につけたりして、私も生きてきました。例えばこの本の中に、幼少期に十分な愛情を受けなかったマリリン・モンローのこんな言葉が出てきます。「おとなになったとき、人に愛される簡単な方法を見つけたの。服を脱ぐだけでよかった」。或いは、母親の支配から抜け出すために、「卑劣漢をわざわざ恋人に選んだ」綿矢りさの小説の主人公が登場します。かつての女性たちのように性欲を抑圧しない「自由な女」が出てきて、「売春することそれ自体が好きな女」が出てきて、強姦された後にその強姦男との性交に応じ続ける女が出てきてます。それぞれに自己欺瞞《ぎまん》があり、男の性質を察知しているところがあり、それぞれに傷があります。

それぞれの論理と欲望、或いは欠如が違っても、男が女の性質を利用し、女が男の性質を利用して満足を得るなら、表層的には結構ウィンウィンになる。ではそのウィンウィンな関係が均衡なものであるかと言えば、どう考えても近代の性に纏わるあらゆることが、男の性欲中心に考えられているわけで、加害者になりがちな男の自己欺瞞に比べて、被害者になりがちな女の自己欺瞞はやっぱり脆《もろ》いんじゃないかと多くの人が思っているわけです。さらに、男の性質を理解したつもりになって自分の都合の良いように利用しようとするワタシのような女が、男にとって都合の良い性関係を再生産していくとも思えます。

人類の性本能が壊れ、人類の存続のために男の性欲を回復することに重点がおかれた。その結果、女の性欲はなおざりにされて男を性的に興奮させる性的対象の役割を担うことになった、という本書の考えを補助線にすると、政治や経済、或いは学問の世界での性差別に比べて、そもそも違う形の性器と性欲が交わるセックスの世界での性差別がものすごく複雑だというのはよく分かります。著者も「男の性的満足の方式と女のそれとが喰い違っているのだから、男が満足する方式で同時に女が満足するのは、もともと無理なのである」と指摘します。男の性質を察知したつもりになるだけではなく、それをこうやって頭で学ぶことができる現代の女たちは、小さな不満とジレンマを感じながらも、自分の身を守り、欺瞞ではない幸福を模索したいのだと思います。

セックスは、かつて「やられる」だけだったけれど、今は色々と男の論理を勉強してしまった女と、自分らの重ねてきた不可避的な加害性にやや自己嫌悪に陥りつつ、ナイーブなペニスを勃起させなきゃいけない男の、ものすごくヒリヒリした対峙の場となりました。そう考えると、本能なんて便利で嘘っぱちな言葉に頼っていた頃に比べて、もっとずっと複雑で慎重な心境になりながら、それぞれの持ち寄った都合のすり合わせをしていかなければいけない。たかがセックスをするだけでも、もはや相手のことなんてからきし分からないと言っている場合ではなく大変な作業のようにも感じられます。

『性的唯幻論序説　改訂版「やられる」セックスはもういらない』(岸田秀著／文春文庫)

されどセックスが解放する時間

『蝶々の纏足《てんそく》』

山田詠美

自分の容姿の相場に気づき始めた頃

ものを知らない楽観的な子どもだった頃には気づかなかったことの一つに、自分の顔の大体の相場というものがありました。実際には不器用で気が利かず、人に愛される術も気質も持ち合わせていなかったにも拘わらず、やや支配的な性格と英国帰りの若干目立つ服装のせいで、小学校を卒業するくらいの年齢の時には、数人の友人たちが集まれば自分こそ中心的な存在であると思い込んでいられたし、内輪にあるその空気が、外から私たちを眼差す人々にも共有されていると無邪気に信じていました。

それでも中学に上がり、女のコたちが徐々に身内の序列より外部からの評価の方が生きる道を決定づけるらしいと感じ出す頃には、私は鏡に跳ね返って目に映る自分の姿と、他者の視線の客体としての自分の姿がずいぶんずれていることを学び出します。駅から学校に向かうバス停で隣の男子校生の視線は私からは離れた場所に集まるし、休日に原宿で怪しい大人に名刺を渡されるのは大抵隣の友人の方で、そうすると自分が自分自身について持っていた印象というものを修正せざるを得ない。要は私はどうやら自分が期待まじりに思っていたほどカワイくはないのではないかという、もう少し早く気づいても良かったようなことが、じわじわとした予感になって迫り来る話です。

決定的だったのは、中学三年の時に違う学校に通う昔からの友人と二人で参加した中高生向けのスキー合宿で、幼稚園時代から似たような思い出を重ねてきた、着ている服も慣れないメイクも同じような彼女が、最終日に複数の男のコの参加者から呼び出されて付き合って欲しいとか、今度二人きりでデートしようとかしつこく誘われているのを目の当たりにしたあたりです。私のPHSの番号を聞いて来るのはほとんどが派手目な高校生のおねえさんたちで、付き合って欲しいなんて言ってくる男のコはいなかったし、私にとってそれは割と普通の光景だったのだけど、彼女にとっては彼女の身に起こっていることこそ普通だったようで、悩んでいるふりして返事を保留にするのも、やんわり断るのも慣れたものでした。

大人になってみれば男からの評価は自分の価値を決める一要素でしかないし、そこに重きを置きすぎると自分を見失うということも分かってくるものですが、幼かった私にとって、自分は男のコたちに次々告白されるような姿をして生まれ落ちなかったのだと気づくのはやはりそれなりに残念なことでした。そういう、別に生きる元気を失うほどではないが、これから突っ込んでいく青春への期待値が若干下がるような小さな落胆は、純粋で怖がりで自意識過剰な少女の胸に小さく降り積り、大抵は間違った形の埋め合わせを呼び込むものです。その間違った埋め合わせの最も安易な形として、セックスや恋愛を含む性的な逸脱があるのは、思春期を振り返って身に覚えがある人も多いのではないでしょうか。

訝しみながら握りしめていた仮初めの救い

結局私は、そのあたりの時期から長らく、ヤレそうな若いおねえちゃんとして振る舞い、そのヤレそうな匂いに集まってくる男たちを、スキー合宿で次々愛の告白をしてくる男のコたちと同質なものに見立てて仮初めの満足を得るという行為から自由にはなれませんでした。セックスをすれば自分が少なくとも男を勃たせる女だと思い込むことができるし、自分と自分のセックスを同一視すれば、セックスに群がる男を自分に群がる男だと見紛《みまが》うことができる。そこに値段をつければさらに自分の価値は可視化されて、胸に溜まった小さな落胆を無かったことにできる気がしました。それくらい思春期のセックスというのは多くの意味をはらむ、単なる快楽でも愛の行為でも肌の摩擦でもない超万能な劇薬なのだとも思います。

ただし、私はセックスやセックスを通して自分に送られる男の目線や言葉というものによって万能感を味わいながら、同時にこれが仮初めの救いでしかないような予感も持っていました。セックスをすることで生まれる私の価値なんていうものは、自分が一生寄りかかるにはあまりに頼りない、どこかで崩れて跡形もなく消えそうな、偽物のような気もして、かといってそれほど劇的に自尊心を救ってくれる快楽を捨てる気にもならず、訝しみながら握りしめていたような気もします。そして、そういった感覚も含めて、思春期の私にそこはかとなくあった様々な気分を育てたものの一つに、中学から高校にかけて夢中になって読んだ山田詠美の小説たちがあります。

「十六にして、私、人生を知り尽くした。」という一文で始まる「蝶々の纏足」は、ちょうど私がスキー合宿で、男に見初められない女としての自分を渋々発見した頃に出会った小説です。この、やけに大人びた態度で男を眼差す主人公の少女は、初めて足を踏み入れた男の部屋で彼に口づけをされながら、一人の女を思い浮かべ、彼女について辛辣に脳内で批評します。「生まれて初めてのキスが感傷的なものだとは私は思っていなかった。初めて放課後、上級生と触れあうだけのキスをして泣いてしまったという、えり子の言葉を思い出して、私は彼女を軽蔑した」。そしてベッドに入ると少女は目の前にいる麦生という少年との性行為に集中していき、先ほど想起した女の名前はどこかに消えます。「私は彼女を自分の中から追い出す一つの方法を見つけ出した」。

えり子というのは五歳の時から隣の家に住んでいる同い年の美しい少女の名前です。えり子の家は品の良い老いた母親や、離れに暮らす美大教師の伯父がいて、えり子は幼稚園に通わずに自分の家でピアノや習字や絵を習って暮らしていました。名を瞳美という主人公の少女が隣に引っ越してきてから、二人はほぼ毎日一緒に時間を過ごしていましたが、えり子が自分の姉を「大嫌い！」と話すその様子を見て以来、瞳美には自分では言い表せない気持ちが芽生え、少しずつえり子から逃げようとするようになります。

「親友」の横で育っていく卑屈さ

　ともに小学校に上がってからは、瞳美はえり子を冷静に分析するようになり、彼女から距離をとろうと足掻《あが》いたりもしますが、えり子の方はすぐに見つけて近づいてきます。級友たちも教師たちも愛らしいえり子に夢中で、その隣にいる少女はえり子を引き立てる役割を与えられたかのように感じています。「私は、その頃何度彼女の赤いスカートで口を塞《ふさ》がれたことだろう」と思い起こす彼女の言葉通り、何かを言おうとしても、教師と教師に愛されるえり子の間に自分の居場所を見つけられずに口をつぐんでいました。えり子の欠席届を持って職員室に入った時ですら、教師たちが見たのは「私ではなく、私といつも一緒にいるえり子の不在だった」と落胆します。

　えり子はとにかく注目を集めたり、特別扱いをされたり、愛されて心配されて褒められることに長けています。どういう振る舞いをすれば相手を感動させられるかを知っていて、臆せずそのように振る舞う。自分が相手にとって最大限魅力的な存在になる、その方法を熟知しているのです。「親友」として横でえり子を見ている瞳美には、彼女のその狡猾さがくっきりと見えています。そして瞳美は、幼い頃、えり子の家に入るとどうしてか家の中に色彩がなく、えり子だけがキラキラと美しいもののように感じられたのと同じ現象が、今度は自分が色彩のない家具のような役目を押し付けられて再現されているのだと感じています。自分がえり子から逃げようとしていたのは、彼女によってその役回りを押し付けられることを察知していたのだと気づき、そして未だ逃げられないのだと感じた時から、初めて瞳美は憎しみという名の気持ちを自分の中に認めます。「親友」という言葉を使って自分をその位置に縛りつけ、自分を気にかけるふりをして実際に自分が少しでも前に出ると慌ててそれを止めさせようとするえり子を憎み始めるのです。

女として生きていると、同じ女である誰かの横でどこまでも卑屈さを育てまくってしまうようなことが多々あります。脚が長く肌が白く顔立ちは端整で日本人離れした美女もいれば、ピアノやスケートなど特別な才能を早くから開花させる少女もいる。そして何より、スキー合宿に一緒に行った友人のように、とにかく人に愛される者もいます。他者の評価が介在する特性の場合は、単純に羨ましいとか憧れるという気持ちだけではなく、不公平だとか、自分は他者に正当に評価してもらっていないのではないかとか、みんな騙されているんだとか、醜い感情が育ちやすい気がします。そして誰かが愛される性質に自覚的だったり、愛される方法を分かりやすく実践していたりするほど、横にいるこちらは卑屈になります。

女を使う、その有効性とタブー

そして卑屈さは軽蔑という形で表出することがあります。自分とは違う才能を持った者への軽蔑と、その才能を無邪気に愛する周囲への軽蔑という二重の否定が、一瞬だけ自分を高みに登らせてくれるような錯覚を巻き起こすからです。「女を使う」ことの有効性を多くの人が疑わないのにも拘わらず、「女を使う」ことが一種のタブーになり、売春業や一部接客業など、いかにも「女を使う」職業が社会的に軽蔑されがちで、通常の職場でも「女を使っている」というのが分かりやすく悪口になるのも、そうした構造と関係している気がします。女を使うことは愛されたいし得もしたい多くの女にとって強い誘惑でありながら、それを軽蔑する気持ちが歯止めとなって禁じ手になっている場合は多い。そして自分が誘惑と戦っているのにも拘わらず、それを易々とやっている女がいることを許せないと感じる人もいるでしょう。

「女を使う」ことが当たり前に思える職場の中ですら、そういう軽蔑の感情は行き交います。

むしろそんな環境だからこそ、極端に見えることもあります。キャバクラで働いていた頃、自分には絶対に叶わないほど男に愛される女性たちを数多く見ていました。天然の美少女だってもちろんいるのですが、驚くほど売り上げる女のコたちは大抵、露骨な表現を恐れないことが多いように見えました。本当は自分にはそんなことができない癖に、あそこまで露骨に男に媚を売れば誰でも売れる、だけど自分には節度と品があるからそんな露骨なことはしない、という風にバランスよく軽蔑して自尊心を保つというのは日常的に経験する心の動きでした。

本来、そんな風に思うのであれば、実際に節度や品を捨てて媚を売り、ガツガツと指名や同伴やシャンパンをねだればいいのです。でも良識的で臆病な女は、結局隣で卑屈になって、無駄に批評眼だけ鋭くなるばかりで彼女たちの真似はなかなかできません。私は大人になっても幾度も小さなえり子たちを発見しては、主人公の少女の言葉をなぞっていました。

刺激的な性の扉の先に

さて、一〇代の半ばに差し掛かる頃、瞳美は男との性的な関係という飛び道具を使って、心の中でついにえり子から自由になっていきます。「小さな頃からの私たちの関係はまったく変わっていない。彼女は私が何も知らないのだという憐《あわ》れみ、そして、そこから生まれる優越感を心地良く味わっている」とえり子を観察しながら、自分の中にえり子の知らないものがあること、性的な感情についてえり子に先んじているということは彼女に余裕をもたらします。「私には、彼女より先に男を知ることがどうしても必要だった。どんなに幸福な気持を味わっていても、私は心の中にえり子の姿を携えていた。私には、それを剝《は》ぎ取る何かがどうしても必要だった」。首尾よく男を知り、セックスを知った少女は、何食わぬ顔でえり子の横にいても、心の中で勝利感を味わうようになりました。

えり子や他の級友には秘密の麦生との関係は、少女を卑屈さから解放しただけでなく、彼女に妙な色気をもたらし、瞳美はえり子の引き立て役としてではなく、徐々に周囲から彼女自身が視線を集めるようになります。そのような少女の変化に「親友」が気づかないわけはなく、何かを嗅ぎつけたえり子は少女の恋やセックスに干渉してこようとしますが、すでに卑屈さから自由になっている少女はえり子の干渉をつっぱね、ついに二人は決別、言葉も交わさなくなりました。最後の言い合いでは、最初はいつも通り、親切な親友を演じていたえり子の方も、初めて無邪気で愛らしくて親切な姿ではない、毅然として賢く、狡猾で怖い姿を見せます。

セックスという劇薬、一人の男にベッドで愛され、自分の中に男への特別な感情や欲望を育てるという経験は確かに、自信のない卑屈な少女を強く自由にして、満足を与えます。初めて麦生と肌を合わせたあと、瞳美はシーツに汚れがないのを確認して、「血を流す女なんかと私は違うのよ」と、強い誇りを発見し、他のすべてのことへの興味を失い、憎しみを乗り越えた自分は人生を知り尽くしたのだという気分にすらなりました。男との接触はたっぷりとした時の流れと芳醇な文章で豊かに表現されます。

でも、それが甘美で劇的でドラマチックでとんでもなく魅力的だからこそ、そしてその前に育てた憎しみが強大だったからこそ、その二つのあまりに濃い色の気持ちに隠されて、気づかなかったものもあるのかもしれません。少なくとも小説の結末はそのような予感を孕んでいます。

別に単純な後悔や若い愚かさや後から気づく間違いを指摘するわけではありません。むしろ私は今でも、セックスという劇薬が思春期を左右する如何なる意味も持ち得ることは幸運なことだと思っているし、そういった劇薬があって初めて人が大人になる段階を踏むのだとも思っています。私は愚かな手法であばずれとなったけど、それでもそれ以外に何か青春を救うものがあったようにも思えないし、今だったらあんな振る舞いはしない、という話は無意味でしょう。
ただ、若い時に他のすべてのことが瑣末《さまつ》に思えるような、この世で最も崇高な気すらしていた性の扉は、開き切ってしまえばたかがセックスであって、それは今でも魅力的で楽しいものではあるものの、自分の価値を決定づけるようなものではなかったのだとは思っています。そしてそんな刺激的な扉の前に立っていたせいで、見逃した人の本来的な面白さというのは数多あるのだとも思います。

『蝶々の纏足・風葬の教室』（山田詠美著／新潮文庫）

第3章

女ではない奇怪な生き物

死なば死ねかし感情の
かくも苦しき日の暮れを
鉄路の道に迷ひ来て
破れむまでに嘆くかな
破れむまでに嘆くかな。

萩原朔太郎「昨日にまさる恋しさの」より

買う男の論理があるのだとして

『わが悲しき娼婦たちの思い出』
ガルシア＝マルケス／木村榮一訳

幻想のなかに存在する娼婦たち

お金と精子を順に放り出して、幾分すっきりした顔をして帰っていく男たちを、私はかつて酷《ひど》く見下していました。こちらの目に自分が映っていないことなど一切気づかずに、自分が放り出したお金が何に使われているかを知ろうともせずに、幻想上の娼婦に時に愛や心まで捧げてしまう様子はいかにも滑稽で、悲哀に満ちたもののように見えたからです。そして彼らの満足に、こちらの気分や思想が全く関係がないのと同様、彼らがたとえどれだけこちらを軽蔑していようが、こちらの満足にそれが関与しないのも性が売り買いされる場所の特徴です。

恋愛やセックスとは本来、身勝手に蓄積した性や愛に関する幻想を双方が持ち寄り、それを壊し合って新たな幻想を再構築する作業のように思えますが、そういったお互いの幻想の擦り合わせをしない代わりに、相手の幻想を壊さない約束としてお金で埋め合わせるのが売春です。交渉が必要なのはせいぜい金額と時間だけで、相手が何を考えているか、何を好きで何を嫌うか、このお金は何を意味してどんな理由で支払われるのかさえも、共有される必要がありません。肉体的にも精神的にも何かしらの関係を持つのは事実ですが、関係の向こう側にいるのは自分の中に立ち現れる幻想としての相手だけというわけです。

男はお金と一緒に罪悪感を放棄する

以前、大変お金持ちの相手と不倫をしている女の友人がいました。彼女自身は独身だったので、周囲の私たちはてっきり、世に多くいる愛人たちのように、経済的な保証をされている、結婚の約束の代わりに贅沢な生活を受け取っているのではと勘違いしていたのですが、実際には彼女はホテルまでの交通費一万円ですらも受け取らず、旅行代金も自分の分は自分で払う態度を崩さず、全く金銭を介さない関係を紡いでいるようでした。

ある時そんな話をしてくれた彼女に、相手から金銭的援助の申し入れはなかったのか、あったとしたらなぜそこまで頑なに受け取らないのか、聞いてみたことがあります。確かに彼女自身はお金に困っていたわけでもないし、何か特別お金のかかる趣味があったわけでもないのですが、お金持ちの相手からタクシー代まで拒否する態度は何かしら強い思想に支えられている気がしたからです。

「男はお金と一緒に罪悪感を放棄するから」

というのが彼女の答えでした。両者の間にある種の不均衡があるとして、それがどれだけ残酷なことか、お金を払った時点で男は考えるのをやめてしまう。悪い遊びをするのでも、誰かを裏切るのでも、美味《うま》い汁を吸うのでも、男の行動を否定はしないけど、そこに生じる罪悪感を幾ばくかのお金で捨て去らず、ちゃんと罪悪感を抱いて帰っていってほしい、だからそれを誤魔化すお金は一切受け取らない。そう考える彼女は性愛とお金の奇妙な関係を言い当てているように思いました。女の方からしても、お金を受け取ってあげるという行為は、相手が自分について想像力を持たないことを許す行為だとも思うのです。

眠った処女の客となる九〇歳の老人

「満九十歳の誕生日に、うら若い処女を狂ったように愛して、自分の誕生祝いにしようと考えた」という一文で始まる、娼家を舞台にした小説がガルシア＝マルケス『わが悲しき娼婦たちの思い出』です。ガルシア＝マルケスは、日本人の多くがよく知っている川端康成『眠れる美女』に着想を得てこの作品を書いたと言われ、作品冒頭には『眠れる美女』のやはり冒頭の文を引いています。薬で死んだように眠らされた女の横で過去を思い出す川端作品とは、舞台となる国の文化も、主人公のキャラクターや年齢も、作品自体がもつ空気もまるで違いますが、眠った処女の客となるという点では共通しています。

相手が眠っているというのは売春の本質の一つです。自分が相手を眼差《まなざ》すようには相手は自分を見ておらず、愛や愛撫に反応が返ってくることもなく、相手が何を考えているのかどんな気分なのかすら全く意味をなさない関係は、一般的な感覚での人間関係としては破綻しています。目の前で寝ている女は自分の持ち寄った幻想を壊すことをせず、むしろこちらの物語を全て入れてしまえる箱のようなものです。売春にはお互いの物語の擦り合わせが必要がないとは言え、起きている女であれば男の物語を壊してしまう可能性はあるわけで、最も純粋な形の売春と言えるかもしれません。

さて、ガルシア＝マルケスの方の作品は、九〇歳の老人が娼家の女将に電話をかけて、今夜どうしても処女を紹介してほしいと頼むところから始まります。新聞社で物書きをして生きてきたこの老人は、何も今まで娼婦を買っていないわけではなく、むしろ「女性と寝た場合、必ず金を払うようにしてきた。商売女でない女性とも何人か関係を持ったが、そんな場合でも、後でゴミ箱に捨てられてもいいと考えて、あれこれ理屈を並べたり、無理に手渡したりして金をつかませた」という根っからの買春男です。一度結婚しかけたことがありますが、なんと結婚式当日にバックレた猛者《もさ》でもある。金銭を介さない女性との関係を徹底的に忌避してきたという点で、先に紹介した私の友人と対極にあるわけです。この小説が、川端作品の方と比べて全体的に明るく、過去の過ちへの後悔のような空気がないのは、お金と一緒に罪悪感を放棄して生きてきた男の話だからなのかもしれません。ちなみにこの老人は「遠くから見てもそれと分かるほどの醜男《ぶおとこ》で、内気な上に時代遅れ」だと最初に自己申告しています。

寝ている女には受け入れないという選択肢はない

そうして老人は運よく誕生日に、一四歳になるかならずの処女を見つけてもらい、彼女の待つ部屋に案内されるのですが、中に入ると女の子はぐっすり眠っています。それまでは一夜限りの愛人と服を脱ぎもせずにセックスを重ねてきた彼は、その部屋の中で裸になり、彼女の鼻をつまんだり、両脚を開こうとしたりしつつ、結局何もせずに自分も横で寝ることにしました。そこから、眠っている、あるいは眠ったふりをしている処女と老人の奇妙な関係が始まるのです。最初は今までどおり、誕生日の一夜のことになるのかと思いきや、我慢できずに「あの子に厚化粧せず、生まれたときのままの姿でベッドで待つように」という注文までつけて再び会いにいき、やはり子守唄を歌ったり汗を拭《ふ》いてやったりしながらセックスはしません。醜く内気な自分を取り繕って生きてきた彼は眠る愛人と出会って初めて、ありのままの自分をさらけ出す感覚を手に入れ、次第に尋常ではないほど彼女を愛してしまいます。

九〇歳の老いらくの恋は実に充実しているようで、「改めて歌のきらいな人には歌をうたう喜びがどういうものか想像もつかないにちがいない」なんて浮かれたかと思えば、とある事件が起きたことでしばらく会えなくなるとなんとか会おうと無理をして探そうとしたり、嫉妬のような気持ちで大暴れしたりします。そう聞くと老人とはいえオーソドックスな恋をしているようですが、いかんせん相手は毎回眠っている女です。

普通は、ありのままの自分を出せるようになるとは、相手が受け入れてくれないかもしれないという不安に打ち勝ち、きっと相手が受け入れてくれるだろうと信頼し、実際に相手が受け入れてくれて成立する事態のような気がしますが、寝ている女には受け入れないという選択肢はない。だからこそ彼にとっては彼女が眠っていることこそ重要なのです。女将が別のかわいい処女をすすめてきても、「いや、べつの子はいらないよ」と即座に拒否してこう言い放ちます。「あの子でいい、あの子ならいつもと同じで大きなミスを犯したり、けんかをしたり、いやな思い出が残ることもないからね」。彼は言葉を発しない彼女に勝手に名前をつけて、俺流の名前で呼んで愛します。そしてはっきりと「私は眠っている彼女のほうが好きだ」と断言してみせます。

「悲しい」のはどちらなのか?

私が特徴的だと思うのは、幾度か彼が眠る愛人に対して「かわいそう」という表現を用いることです。最初の逢瀬の後に彼女のことを思い出した時も、「二度と思い出すことはないだろうと思っていたあの少女に対する恨みがましい気持ちからではなく、いまさらながら同情したのだ」と表現していますし、眠る顔を見て「子守唄でもうたってやらないとかわいそうでとても起こせないほど安らかに眠っている」と言います。そして彼女が幸せになるよう、美しい女の子に育つように気を配るよう女将に注文し、実際に彼女の将来を色々案じます。

私は初めてこの日本語タイトルを見た時に、悲しきがどこにかかるのか、娼婦が悲しいのか思い出が悲しいのか、文字列の中で一瞬迷いました。原題は「Memoria de mis putas tristes」で、「mis putas tristes」は「私の悲しい娼婦」ですから、やはりここで悲しいとされているのは娼婦なのです。小説の中にも、売春の悲哀への表現は時折見えます。逢瀬に使う娼家の部屋に色々と買い込んで、彼女と自分の時間をより快適にするために整え、帰る時に片付けては「あの部屋は顧客が物悲しい愛の営みのためにたまたま使うことになる元の殺風景な部屋に戻った」と、人の売春については勝手に物悲しいと決めつけることもあります。

そして、買春ばかりして生きてきた上に、九〇歳になって初めて知った恋も売春の形をとっている割に、売春婦への根強い差別感情も垣間見えるのです。久しぶりに見た眠る愛人が垢抜けているのを見て「これじゃ売春婦じゃないか」と言ったり、女将と喧嘩して「どいつもこいつもみんな同じだ」「くそったれの売春婦め！」と怒鳴ったりします。かといって、結局売春婦を軽蔑して終わるのではなく、愛に屈服し、恋は冷めないのです。

さて、本当の悲哀はどちらの側にあるのでしょうか。「かわいそう」なのはどちらで、「悲しき」はどちらなのでしょうか。男である老人にとっては売春婦の方に、女の私にとっては買春男にあるような気がします。寝ている女を買い続け、彼女と暮らしているような幻想を本気で見ては、彼女の将来を案じている男はこちらから見れば悲しいほど滑稽で、その論理は、女の方からはまったく想像を絶しています。

かつて女子高生たちはなぜ性を売るのか、という女の売る論理がやたらと取り沙汰されたことがありますし、今も週刊誌をめくれば、パパ活女子たちの気持ちがインタビューなどで問われています。男の方からすれば、お金で身体を明け渡す女の論理は想像を絶しているのかもしれません。相互にある理解不可能性をまるっきり全て棚上げにする行為が金銭の授受なのだとしたら、売春の現場にはあらゆる悲哀が転がっていて、相互に物悲しさを感じるものであることもうなずけます。買う男の論理があるのだとして、それはそこにある物悲しさをいくばくかのオカネでひとまず全て売春婦の物悲しさのせいにしてしまえることのような気がします。

『わが悲しき娼婦たちの思い出』（ガルシア＝マルケス著／木村榮一訳／新潮社）

基本的には他人事でしかない男の青春

『大胯びらき』
ジャン・コクトー／澁澤龍彦訳

いくつになっても男も女も面倒臭い

Aちゃんが先に好きになったのにBちゃんが勝手にX君とディズニーに行った、とかいう話題がクラスの女子たちの間で、進路や健康、或いは戦争やデフレ経済よりもずっと真面目に深刻に取り上げられる思春期の頃、女って怖い、女って面倒くせえという、ほとんど無意識に発せられるクリシェを聞くたびに、それは本当にそうだよと心の中で深く同意していました。疫病禍の経済補償はどうするか、とかいう問題よりももっと複雑で切実な問題に対して、嫉妬や焦りを隠したり剝き出しにしたりしながら、なけなしの自尊心が悲鳴を上げない程度に自己主張や妥協を繰り返し、それについて言い訳を重ねる。思春期に限らず今でも言えることですが、そんな存在は側から見ても自分でやっていても面倒臭いものです。

ただ、そんな言葉を発する男たちの青春が面倒臭くないのか、と問えば、舐められたくないとか、謝りたくないとか、自分の存在を証明したいとか、他人からすればどうでもいい聖域を身体の内側に作って、何とか格好のつく論理で混乱を打開しようとする、やはりとんでもなく面倒臭いものに思えます。要は自我のある人間が一人生きていく、という事態はそもそも大変面倒臭いものであって、自分とは違う箇所に無駄なこだわりを見せる存在に対して、理解をあきらめる時に、女って面倒、男だって面倒と言い合うわけです。そしてその面倒臭い部分こそが文明と文化なのであって、全て単刀直入で効率的かつ合理的な人など、面倒臭くはないかもしれませんが、面白みもゼロです。

強いて言えば、セックスに過度に意味づけする文化が根強くある女に比べて、射精という一義的な目的がはっきりしている男の方が、ベッドの上の思考が単純明快である場合は多いかもしれません。童貞が面倒臭いとか、童貞の書くものは面白いとか、童貞の思想は深遠だとか言われるのは、その単純明快さを獲得する前だからなのでしょう。

と、考えて童貞や童貞根性が色濃く残った若い男の子って苦手、と思っていたのですが、四〇歳手前まで生きてきて、別に四〇歳の男も五〇歳の男も面倒臭さが抜けているわけではなく、また別の角度の面倒を背負っているし、それは女の方だって、少女には少女なりの、オバサンにはオバサンなりの混乱と自尊心があるので、別に青春こそが混乱の極みだとも最近は思いません。思い返せば、若い男の子って苦手と思って一九歳の時に付き合っていた三一歳の彼は、やたらとお金で権力を誇示する人で、その一環として私にもずいぶん贅沢を強要してきたのですが、時々満月の夜などに、「お前はどうせ俺のお金が好きなんだ」と普段自分がこれでもかとアピールしていた武器に対して卑屈になっては絡んできたし、二七歳の時に付き合った二二歳の大学院生は、姉の年齢を偽ったり自分の通っていた予備校を偽ったりと、今でも不可解な一見意味のない嘘を重ねる虚言癖がありました。どちらも種類は違えど、ありふれた、とるに足らない聖域を守っていたのでしょう。思えば日本で大変豊かに発展した私小説というものなど、その多くが男が自分の面倒臭さを認める作法でした。

少年期と青年期の間の大きな距離

男の混乱や自尊心に触れて、それを面倒臭いと一蹴したくなる時、私は彼らの内面的葛藤を、「ジャック語」と勝手に私が呼んでいる語彙で、やはり勝手にアテレコして味わうようにしています。ジャックとはジャン・コクトー『大胯びらき』の主人公ジャック・フォレスチエのことで、ジャック語は正確にいうとジャックを説明するコクトーの文体のことです。「自己の属する階級精神に反抗するという幼稚な優越感を軽蔑して、ジャックはそのまま自分の属する階級精神を遵奉していたが、そのやり方があんまり変っていたので、彼と同じ階級の者には、それが自分たちの階級精神だとは気がつかなかった」と、のっけからややこしく説明されるジャックは、完全に大人の男になってしまう手前にいる若い男です。前衛芸術が栄えたパリで一際存在感を放っていたであろう詩人コクトーの手数の多い文体のこの小説は、日本では翻訳を担った澁澤龍彥の代表的な仕事として取り上げられることも多く、大学の学部生の頃、長らく私が「一番好きな海外文学は」と聞かれて答える作品でした。青春小説といえばこれ、と考える人も多いかもしれませんが、正確には男の青春小説です。

大胯びらき（Le Grand Écart）とは舞踏用語で、跨が床に着くまで両脚を広げることで、本作では少年期と青年期の間の大きな距離（Le Grand Écart）を指し示していると一般的には説明されます。女の青春小説がこのタイトルだったら、ものすごく性に解放的な若い女性がM字開脚で夜毎男に跨《また》がっているような絵図が浮かびます。男の青春小説なので特にそんな直接的な胯びらきの意味があるわけではないのでしょうが、胯を開いたり閉じたりして生きる女の私からすると、少なくともその大胯で届くギリギリの大きな距離の間で、軋んで痛む胯をどうしても想像してしまいます。というわけで個人的には少年期と青年期の間の大きな距離を限界まで足を開いて超える最中の、キシキシと痛む胯のような過程と解釈しています。

青春とは死にぞこないの思想に至る過程

「ジャックは長い仮死の状態で生きている。自分が不安定な感じでいる。ふらふらしながら立っているより仕方がない。ほとんど坐ることもできないくらいである」と、大変不安定な青春の最中にいる若い男の存在をひたすら解説しようとするところから小説は紡がれていきます。母に連れられて少年期の終わりの頃をスイスやイタリアで過ごし、人の熱愛や死を見て「精神の遭遇する数々の危険」に直面してきた彼がパリで大学受験の準備をしながら下宿生活を始める。物語の大部分はこの下宿の期間中に展開します。他の下宿人もやはり若い男たちで、彼らとの関係があり、お節介な母との関係があり、宿主の妻との接近があり、今でいうパパ活嬢のような美しく罪悪感のない娘ジェルメーヌとの恋があり、死への誘惑があります。ハイライトは彼が自分と全く違った種類の人間であるジェルメーヌと特別な関係になり、そして彼女が彼の友人に心変わりしたことで破綻するという、単に男が一枚上手の女と運良く付き合えたけど割とすぐ振られた、という話なのですが、その過程はコクトーの妙なところから引っ張り出す言葉に溢れています。

「結局のところ、美というものを厳密に肉体的に解するならば、それはどこに行っても、自分の家にいるような尊大な様子をして、人の眼を惹くものである、ということができよう。追放の身のジャックは、そうした美しさを渇望する。それも、愛らしげのない美しさであれば、それだけ彼の心は動く。つねに傷つけられる運命の持主なのだ」なんて、傷つきとコンプレックスを過剰に強調する語彙は、私がジャック語と勝手に名付けるものですが、青春を解説せんとする男がどのように世界を見ているのか、と想像するのに足る道具となります。

「われわれの人生の地図は折りたたまれているので、中をつらぬく一本の大きな道は、われわれには見ることができない。だから、地図が開かれてゆくにつれて、いつも新しい小さな道が現われてくるような気がする」「人間の心は肉体に閉じ込められて生きている。不安な衝動や激しい絶望が生ずる所以である。つねに豊かな富をもたらすことができるくせに、心は、自分を覆い包んでいるもののなすがままにされている」という、映画を撮ることもあったコクトーらしいゴリゴリした比喩は、小説の最大の魅力であると同時に、男が面倒臭くないわけがないという核心もついているように思えます。そしてその面倒臭さが、幾ばくかの死への憧れと、現実を生きる自分への自己嫌悪と関係しているらしいことも。

小説の末尾にある一文「地上で生きるためには流行を追わねばならぬ、が、心はもはやそれに従わぬ」は数多く引用されて有名ですが、この死にぞこないの思想に至る過程が青春であり、至った後を大人と呼ぶのかもしれません。

一本調子に自由奔放なジェルメーヌ

さて、ジャックの肖像をあらゆる絵の具で肉付けしていく作業に思える小説の中で、ジャックの次に幾度にも渡ってその性質を説明されるのは恋人のジェルメーヌです。「彼女は火を灰に埋めて、長持ちさせようなどとはしなかった。できるだけ激しく、できるだけ早く、彼女は燃え切ってしまうのだった」「あふれるばかりの愛撫を、素速く与えるのだった。それは花好きな人が花束を選ぶ贅沢に似ていた。花束が萎れたら、またほかのを買えばよろしい」とその恋愛体質を指摘されるジェルメーヌは、ジャックにとっては自分と真逆の、自分が持ち得ない性質を併せ持った、自分と世界の眼差し方が全く違う眩しい存在です。

若き私はジャックを描く作者の多彩な言葉を愛し、ジェルメーヌを描く言葉にはドン引きしていました。そしてそのやや一本調子な言葉でジェルメーヌが説明されること自体が、大きくジャックのものの見え方と関係するとも思っています。

「あたしは自由なの、自由なの、自由なのよ」と彼女自身のセリフで解説されるように、不自由の身のジャックに対してジェルメーヌはどこまでも自由な存在なのです。「ばね仕掛や二重底を巧みにつかうこの手品師」である彼女は恋愛においてあらゆる面でジャックを翻弄する手練《てだ》れで、ジャックは「彼は自分の恋人を通じてしか、物事を見ていなかった」という状態になるほど、彼女への好意と憧れに満ちています。ジャックだけではなく、彼女に関わる男はみんな惨めなものです。彼女の心変わりに焦って、フランス的エレガンスとはなんぞや、なんていう見当違いの説教を垂れたり、醜態を晒して凄んだりするわけです。彼女はローラースケート場で地球と一緒にぐるぐる止まることなく回っていて、男たちはその気高い彼女に近づこうとしては遠心力で振り落とされるような情けない存在です。

「つまり彼女のような女は、この世の一種族だと言うのである。うしろを振り向かない種族、苦しみ悩まず、愛しもせず、病気にもならない種族。ガラス族を截《き》るダイヤモンドの種族」と、どこかで女性を、とりわけ自分が心惹かれる女性を崇高で自由で身軽で気高く、自分のような重苦しく汚く不自由な自我を持っていない存在のように描きたがる。大人になる前の男の面倒臭さに形があるとしたら、きっとその視点だろうと思うのです。そして死にぞこないの大人になったら今度は、その自由さをありのまま受け入れようなんていう懐の深さを見せてきます。パパ活相手のネストールは「そこが女だよ。そこがジェルメーヌだよ。まあ、僕は彼女を好きなようにやらせておこう」と広い心でジャックにマウントをとってきますが、そんな貧困な女像で投げやりに納得されても、と思うのです。こちらは、大人の男の面倒臭さと呼ぶべきでしょうか。

女も自分の面倒臭さや孤独を言語化しなければ

パパ活嬢だって踊り子だって人妻だって真面目な女学生だって、大変複雑で、不自由で、苦しみ悩む面倒臭い存在なわけです。若い男の子は時に、自分の面倒臭さで私小説や青春小説をしたためて、こちらにその若い男の面倒臭さを延々と押し付けてくるわりに、その行為に忙しくて女の複雑さを近視眼で、しかも多くの場合はほとんど脳内でしか見ようとしてくれないかもしれません。ジャックの目に映るジェルメーヌはそのまま、ミスチルやB'zなどの男の子が愛する男の内面吐露的な歌詞に見られるような自己嫌悪と自己陶酔、そしてそれを鮮やかに浮かび上がらせるための自由で自分勝手な女のそれに重なります。私はジャックからみて自由奔放で移り気なジェルメーヌを思い出す時、必ず女は女で、自分の面倒臭さや孤独と向き合って表現していくことの必要性を感じます。彼らの想像力の中では、自分が心惹かれる自由な女と、自分が理解を拒絶する面倒臭い女の二種類に落ち着いてしまいますが、その心惹かれる自由な女の中の面倒臭さの発見こそが、こちらが求めたいことなわけです。

はたして、彼らが自分の複雑さを彩るために持ち出す自由な女のモチーフが解体されたところで、男と女が合理的にうまくいくなんていうことはおそらくありません。そしてそれ以前におそらく、男が女神を自由で強く気高い存在に押し上げてしまう癖を手放すことはあまり期待はできないでしょう。それでも、お互いが言語化する複雑さの存在が少しでも目に入れば、それが起因して起こる拗《ねじ》れやすれ違いは、愛すべき人生の醍醐味くらいにはなる気がします。「われわれ人間に与えられた自由というものは、植物や動物が本能的に避ける過ちを、かえってわれわれに犯させるところのものではないだろうか」。

『大胯びらき』（ジャン・コクトー著／澁澤龍彦訳／河出文庫）

お金を介した男女の滑稽な話

『遊女の対話』

ルーキアーノス／高津春繁訳

お金で買えないものを買おうとすると

百貨店でも屋台でも通販でもなんでも買い物の時の諍いというとその多くが、袖を通した瞬間に肩が破けたとか、スイカ切ったら腐ってたとか、サイズや色が約束と違うとかいう商品の不備か、決められた金額以上を請求されたとか、決められた金額が支払われないとかいうことであって、双方が特に悪質な詐欺師やクレーマーでない限りは解決の糸口は見えるものです。特に不備がなくとも、買ってみたら全然似合わないとか、意外と使い勝手が悪いとか、マヨネーズ味は美味しくなかったとか、一二センチのピンヒールは流石に痛いとかいう理由で、無駄なお金使っちまったな、と思うことは日々ありますが、それで魂が削られるような苦痛を感じたり、立ち直れないほど自己嫌悪に陥ったりすることは稀です。

ただ、何か明らかな不備や悪意がなくても、終わりなき諍いや耐え難い苦痛や底なしの自己嫌悪が頻発する売り買いの現場というのもあって、そういった場合の多くは、買い手の願望の一部に、本来お金で買えないとされているものが含まれているものです。どんな買い物にも多少はそう言った側面がありますが、服や野菜を買うときに少なくともこの値段で手に入るのは服や野菜であって、それを着こなせる体型やうまく料理する腕ではないことは誰もがよく知っています。反面ギャンブルや整形などの現場では、買い手がこの値段でどれだけの願望が満たされるか不確定のまま挑むことが多いので、本来欲しいものの一部しか手に入れることができず、諍いや苦痛を伴いやすい。

この傾向がもっとも分かりやすく表出するのは、性や恋と金銭との交換の現場です。買い手は自分の願望が金銭によって完全に満たされることはありえないと知っているし、しかしお金を使うことによって部分的に欲望が満たされることも知っているので、お金を使うのを簡単にやめられず、しかしどこかのタイミングで、これだけの金額を使ったのに一番欲しいものが手に入っていないと実感する。売り手がお金によって提供しようとしているものは、必ずしも買い手が手に入れようとするものではないが、買い手の願望の一部に、上手に騙してくれることというのが組み込まれているが故に、この循環は複雑になります。

訴えられることなく怒られることなく長くお金を使わせる

「君を指名してこの金額を使ったらどんなことをしてくれるの?」と聞かれて、「その金額は私があなたの隣に座ってつまらない話を聞く苦痛への対価です」と答えるホステスはいないし、そのような答えを望んでいるお客も余程の変態を除けばほぼいません。大抵は「○○さんのことをもっと好きになっちゃう」とか「もっと仲良くなれる」とかくだらないことを言うのが通例で、遊び慣れた客はそれが嘘混じりであることを了解した上で歓迎するわけです。これが、あまりに初心で経験値のないお客だと、マナーであり挨拶のようなものでもあるという見分けがつかずに後でトラブルになることがあります。逆に、売っている側もあまりに節操がなく、出来もしない約束をして無理矢理お金を引っ張ろうとしたり、貫き通せない明らかな嘘をついたりすると、これもトラブルになってしまいます。

一〇〇万円使ってくれたらエッチしてあげる、というような露骨な餌を出す行為というのは、若手の焦ったホステスに稀にみられることがありますが、これでは実際に客が一〇〇万円使った際に、セックスをしないと契約不履行になってしまう。本当に当日だけどうしてもまとまったお金が必要で、後で責められてもドロンと逃げてしまえる状況なら別にいいし、そうでなくとも「具合が悪い」「今日は生理」などと言って数回は回避できるかもしれませんが、長い付き合いを求めるのであれば得策ではありません。新人ホストはすぐに客に「俺と付き合おう」「他に女はいない」と言うものですが、これも複数人を相手にすると限界がある。うまいホステスやホストは、いかに嘘をつかずに、しかし本音も言わずに、客の求めるものをほんの少しずつ提供し、訴えられることなく怒られることなく長くお金を使わせられるか画策するもので、これを手練手管と呼ぶわけです。他の異性といちゃついているところを見られても、お客に「きっと一番は自分だ」と思わせることができるような手練《てだ》れが、夜の世界には昔からいるのです。そしてそのような存在にかかれば、お客は、欲しいものが全て手に入ることはなく、しかし通ってお金を使うのをやめるほど欲しいものが一切手に入らないわけでもない、という状態になり、ここにまた、何か商品に不備や詐欺行為があるわけではない、むしろ商品が優れているからこその、痛みや諍いが生まれるわけです。

痛みが絶えないが故に、客は滑稽な言動をすることが多く、また売り手の側も盤石ではないから、失敗や思うようにいかないことばかり多いわけです。そこに性や恋に伴う嫉妬が絡むものだから、取引は常に綱渡りです。客の方も駆け引きを仕掛け、売り手の方も心を痛ませたり嫉妬やプライドに縛られたりもします。本来お金で取引される類のものではないものを商品として扱う限り、これは宿命とも言えるもので、客の滑稽さを笑い、或いは自分を見放した客を恨み、客の扱いに悩むからこそ、ホステスや売春婦の仕事後のおしゃべりはつきません。客も滑稽ですが、売り手の方もまた、何を与えれば客の満足度が上がって自分の値段が上がるのかがはっきりしないが故に、やはり滑稽なわけです。

一八〇〇年以上も昔の誰もが聞き覚えのある話

この手練手管や、それに伴う痛み、それに伴う滑稽な人々の姿、それに伴うおしゃべりというのは、性や恋愛が取引される場がある限り世相や国が変わっても不滅のようです。紀元後一〇〇年代、つまり今から一八〇〇年以上も昔の諷刺作家であるルーキアーノス（ルキアノス）が代表作の一つである「遊女の対話」で描いた、当時ヘタイラ（本書では遊女・芸者と訳される）と呼ばれた女性たち同士の会話や彼女たちと客との会話の端々には、夜の世界を通りすがった経験があれば誰しもが聞き覚えのあるものが挟まれています。

例えば自分が請求されたお金をすぐに用意できなかったが故に女に粗末に扱われた男。「それで僕は悲しい目に会わせた仕返しに、僕もあいつを怒らせてやろうと思って、君を呼んだわけなのさ」と、別の遊女を呼ぶのですが、フラれた心の傷によって寝る段階になると遊女に背中を向けて泣いたり喚いたりします。そういえば昔、デリヘル嬢に恋をしてうまいこと同棲をしたものの、すぐに出ていかれて、腹いせにその女の勤めるデリヘルの別の嬢たちを片っ端から呼んでいるという男がいたな、と私はなんとなく思い出しました。ちなみに物語に登場するこの男は、そっぽを向いて泣いているのを遊女に責められて、自分の恋を白状するのですが、そこは遊女の手練手管が光ります。恋の手助けでもできるかもしれない、と相手の女を聞き出した彼女は、その女の実年齢が自己申告よりも二〇も上で、頭の毛は毛染薬で誤魔化しているだけですっかり禿げ上がり、首から膝には豹のような斑があると主張します。その上で「もし誰かがこんなことで呼ばれたんだと前もって言ってくれりゃ、ほんとに愛の女神様にかけて、来るんじゃなかったわ、わたし」と言って帰ろうとしますが、男は慌てて、「あの女がそんなだったら、さあ、もうこの城壁は取り払って、お互いに抱き合い、キッスし、ほんとにいっしょになろうよ。ピレーマティオンにはおさらばだ」と乗り換えるわけです。あのデリヘル男の顚末を私は途中経過までしか知りませんが、何人目かの嬢にうまく言いくるめられて、今度はその人に恋をしたかもしれません。

他にも、自分のいい人が自分の目の前で他の遊女と親しく触れ合っているのを見せられて、「わたしが怒っているのを見て、そしてわたしがあの人におやめなさいって合図をすると、あの人ったら、ターイスの耳の端をつまんで、喉を仰向きにさせ、きゅっとひどくキッスしたもんだから、もう唇が離れないくらい、それからわたしが泣いてると、笑って、ターイスに長いことひそひそと耳うちしているのよ、もちろんわたしの悪口にきまってるわ。ターイスがわたしの方を見て笑っていたんだから」と愚痴り、仕返しに他の男にキッスしてみせます。その行為を「あんた覚えていないのかい、あの人からどれくらい貰ったかってことを」と母親になじられると、「それだからどうだっていうのよ、そのためにあの人にばかにされて我慢しているの？」と切り返します。お金を超えて客の取り合いで意地を見せているキャバ嬢同士の無言の牽制のしあいのようで笑えます。

遊女同士の指南のしあいも「すごい恋というものは、相手にされないと思うと起るけど、自分一人占めにしていると信じると、熱情がどうやらさめるものなのよ」だとか、「あんたはこの人にあまりのぼせ上りすぎて、それを見せたから、この人をスポイルしちゃったのよ。あまり大事にしちゃいけなかったのさ」というようにどこかで聞いたことのあるものです。

遊女をものにしようとする男が、気張って自分の武勇伝を脚色して話し、それによって女に引かれて、友人から「勇士になって嫌われるか、それとも嘘を白状して、ヒュムニスといっしょに寝るか、二つの中どっちかだ」と助言される様はいかにも滑稽で、見栄っ張りなお客たちの顔が何人も思い浮かぶものでした。

愚かさを演じながら、生きていく

本の解説で、「遊女は、何処の国、何処の地にも必ず附物の社会現象である」と説明されますが、完全なる男社会で女が家の中にいた古代ギリシアでは、売淫が社会悪と考えられてはおらず、むしろ男だけの世界に自由に出入り出来たヘタイラたちは才と智と教養とを身につけた自由で高名な存在だったのに対し、ローマの時代になると、普通の女たちが家に閉じこもるばかりではなくなり、教養を身につけたものも増え、「芸者と人妻との差が、以前ほどは明確でなくなっていたとしか考えられない」と考察されます。その時代になると遊女たちの地位は相対的にあまり高いものでなくなり、高いお金をとる事例としてはミーモスというレヴューの大夫のような女たちが流行したといいます。そんな時代にルーキアーノスが本作で描いたのは、それほど高級ではない、「一夜の恋を売ったり、ばかな男を手玉に取らざるを得ない」、身近な遊女たちです。そういう遊女は少なくとも二〇〇〇年もの間、この世界の片隅に必ずいたし、今も風俗嬢やパパ活嬢なんて名前を変えて、東京の夜にもたくさんいるわけです。

広義の売春を、女性を商品化し、男女差別を温存する構造だと主張し廃絶を目論む人もまたどの時代にもいましたが、遊女と客との関係はそう単純に搾取の構造をしているとは限らない。むしろ、女性を商品化することの不可能性をこれでもかとばかりに目の当たりにする現場のようにも思えます。少なくとも、それなりのプライドと、それなりの傷の痛みと、それなりの愛をぶつけ合う男女の対話を読み込んでいけば、そこには憐れむべき姿も滑稽な姿もあるけれど、同時に誇り高き文化もあることが分かります。遊女の立ち位置だってギリシアとローマの社会で違うように、社会構造や世相や思想によって如何様にも変化するわけで、あまり単眼的になると、そこに生まれる面白みや、社会的に劣位にいると考えられている者たちの興味深いプライドや客たちの憐れな悲哀を見逃してしまいます。

本来お金なんかじゃ人の心は買えないと、お客たちも分かっているのです。だからこそ、「全くよ、わたしゃあんたにお金を下さいって言ったこともなけりゃ」と、遊女にとってお金を取らないということが、男に対して最大の愛の証明として最初に口をついて出るわけです。「今になって俺を締め出すのか、ミュルタレー、俺がお前のために貧乏になった、お前のいい人になって、あれほど貢いでやった今となって?」なんていう嘆きは、ただの商品の取引では生まれません。

私は、お金で買えないことを半分わかっていながら、なんとかお金で欲望を満たそうとする人で溢れる夜の街を、決して人の美しい側面を見る場所だとは思っていません。お金で何かを手に入れようとするくせに、お金の切れ目が縁の切れ目となると、お金目当てだったのかとなじる、そんなお客もたくさんいるし、嫉妬心を煽って自分の価値を確認しようとする女も男も転がっているし、そこはなるほど人間の醜い部分が表出するところでもあるでしょう。ただ、そういう愚かさを演じながら、人は生きるという困難な行為をなんとか遂行しようとするものだとも思うのです。痛みを受け入れ、滑稽さを笑い、自己嫌悪から立ち直って明日も生きるためには、その愚かさを愛することこそ鍵となる、と私は信じています。

『遊女の対話 他三篇』(ルーキアーノス著/高津春繁訳/岩波文庫)

第4章

信じられる神がいなくとも

「我に返った」という、
安堵であると同時に度しがたいほど不満足な例の状態に、
私はすでに戻っていた。

オルダス・ハクスリー「知覚の扉」より
（河村錠一郎訳）

ありえないほど汚れた場所の、ありえないほど高貴な信仰

『ぼくんち』
西原理恵子

小室ファミリーの歌に出てこないもの

小室ファミリーと呼ばれて一時期邦楽チャートを席巻したヒットソングが、なぜ九〇年代半ばの、とりわけ若い女の子たちの支持を集めたか、という議論はいくつもの切り口があるのだけど、歌詞に注目して考えてみると、神様信仰の不在という点に気づきます。小室ファミリーの歌はあまり歌詞に意味がないとか、英語がめちゃくちゃだという指摘はよくあって、確かに「Body Feels EXIT」だとか、「Hate tell a lie」のようになんとなくクールでヒップな英単語を組み合わせて、大して意味はないのだろうけどなんだかすごく格好よく聞こえる、と思わせるのは大きな特徴の一つです。これは英単語で顕著だけれども日本語歌詞にも似た

ようなことが言えて、深い意味や背後の物語を考えるよりも、響きや全体として持つノリを意識した、一文一文が比較的独立したリリックになっているものが多い。「I'm proud」に代表されるようなラブソングと、「survival dAnce」や「Chase the Chance」に代表されるような時代の応援歌とが混在しますが、その双方で、神様や祈りといったモチーフは極力排除されています。この、「神様に祈る／神様を信じる」ということを、否定するというより考慮しないという点が、神に祈るというのが一体どんな事態なのかいまいちピンとこない当時の若者たちの、現実的で、即物的で、刹那的な気分に合致して、大変聞き心地の良いものに仕上がっていました。歌詞に奥行きがないかわりに、そこはかとなくリアリティがあったのも、信仰の対象に「神様」なんていう、宗教法人の学校でも出ていない限り、日常でほとんど触れることのない漠然としたものを設置しなかったからでしょう。

キリスト教文化を基盤とする欧米諸国に比べて、神仏習合と説明される日本の多数派の宗教観はあまり前面に出てくることはなく、祈る対象と言われて何か具体的な顔や場所が思いつく人はそう多くありません。初詣や受験祈願、或いは冠婚葬祭で神社やお寺に出向くことは結構ありますが、重視されるのはさらに漠然とした縁起や伝統といったことであって、クリスマスに比べて花祭りなどあまり祝われることもないし、仏壇のある家も減少傾向にあるようです。信教の自由が保障されている以上、特定の「神様」を信じるのは全くもって個人の自由ですから、人によってはもっとずっと具体的に神様の形を想起できる人はいるのでしょうが、少なくとも私は、神様という単語からなんとなく思いつく顔というのは時と場合によって、西洋風であったりインド風であったりといい加減なものです。

私が神様の存在を信じられる二つの話

信仰に関する言葉の中で、個人的にものすごく印象に残っていて、さらにこういう形の神様であったらもしかしたらいるのかもしれない、と思った表現というのが二つあります。

一つ目は、ドストエフスキー『白痴』に出てくる二人の百姓の話。昔から知り合いであった二人の年配の百姓のうち一人が、もう一人の百姓が黄色い南京玉の紐のついている銀時計を持っていることに気づきます。それまで連れがそんなものを持っていたことを知らなかった彼は、別にとりたてて貧しいわけでももともと泥棒であったわけでもないのだけど、その時計が気に入ってしまって、連れが後ろを向いた隙にナイフで後ろから斬り殺してしまいます。その斬り殺す直前に彼は天を見上げて十字を切り、「主よ、キリストに免じてゆるしたまえ！」（新潮文庫・上巻）と心の中で言うのです。これは病気療養のために長らくスイスに滞在して帰ってきた主人公のムイシュキン公爵が、ロシア人の信仰について話す四つのエピソードのうちの一つなのですが、もし神様がいるとしたら、それは教会の賛美歌の先ではなく、人を殺す瞬間にまろび出るような、逼迫した信仰心の中にこそいるような気がしました。

二つ目は西原理恵子『ぼくんち』の登場人物であるさおりちゃんの言葉です。さおりちゃんは、底辺のヤクザである父と二人暮らしで、いつも薬や酒に溺れて暴れる父の面倒を見て生きている小さな女の子で、この時も父は、絶対に手をつけたらいけないお金を「2倍3倍になるんじゃあ」と言って持って出ていってしまいました。父の割った食器を片付けながら、「ぼく」に向かって「神様て、いると思うか？」「うちは神様はおると思うで。ただし、うちらの街の山の上の金持ち専用のな」「神様のおらんうちら貧乏人が何かしよう思たら、自分の力でせなあかん」と皮肉っぽいことを言います。その三日後、ぼくとさおりちゃんは水死体の前に立っていて、さおりちゃんの父は三日帰ってきていません。港でふらふらしているところが目撃されていて、そして目の前にはシートを被せられた水死体があります。ここで、さおりちゃんばボソッと「神様。」と呟くのです。結局水死体は父のものではありませんでした。この「神様」もまた、私の好きな、信じるに足ると思えるような神様の形です。

強いられる貧しさ、抗いようがない人生

『ぼくんち』は「海と山しかない小さな土地に貧乏人とガキがへばりついて生きている」ような場所が舞台で、はしに行くとどんどん貧乏になるその町の一番はしっこにある家で育った二人兄弟の次男坊が主人公です。ただその一番はしっこの「ぼくの家」も、物語の序盤で人の手に渡ってしまいます。三年帰ってこなかった母が帰ってきて、今度は家の権利書と一緒に再び家出してしまうからです。母の代わりに家にはピンサロ嬢のお姉ちゃんがやってきて、それ以後、お姉ちゃんと兄弟は三人でしばらく暮らすことになるのですが、その後、今度はお兄ちゃんがこの町にいる多くの若者と同じように、悪いことをしながら独り立ちしようと家を出ていくことになるので、「ぼくの家」は場所も構成員も常に揺らいでいる、とても危ういものに違いありません。

町の人々はとにかく貧乏でいい加減な人が多く、その人生も実に不運の連続でクソみたいなものばかりですが、お姉ちゃんは「泣いてるヒマがあったら、笑ええっ!!」と教える人で、町の人たちもぶつぶつ文句を言ったり悪事を働いたりしてはいても、悲愴感に溢れることとな

く、結構笑って、或いは泣きながら笑っています。川原の小屋で鉄や銅を売り買いしている鉄じいという人物は、大雨で小屋が川に流されても、「貧乏て　ええと思わんか――」「こんな時ちょっとも困らんで」「なくすもんがありすぎると人もやっておれん」「両手で持てるもんだけで、よしとしとかんとな」と大声で笑います。かといって、別に町の人たちが前向きで、プラス思考で、明るく生きているというわけではなく、抗《あらが》いようがなく貧乏であったり不運であったりすることの不条理を時々強く感じながら、しかし抗いようがないということだけは確信して、その中に笑い顔で存在するのです。

大好きな人達の手はみんなびっくりするほど小さい

お兄ちゃんのワルの師でもあるこういちくんという不良も、神様について言及することがあります。「つらいけど、人はね、神様がゆるしてくれるまで、何があっても生きなくちゃいけない」とされる時の神様は、人が触ることのできない、暴力的なほど大きな力を持っていて、「ゆるして」もらわなくては困るけれど、それまで強いられるのは、貧しくて、いいことなんてなかなかなくて、しんどくて、どこかしら身体の具合が悪くて、騙したり騙されたりばかりするような生であって、何か良いめぐみを与えてくれるような存在ではありません。救済は最後に与えられる死だけであって、何かお願いごとを叶えてくれるような信仰はそこにありません。こういちくんは、弟子のようなお兄ちゃんに対しては「自分の人生に、なれなさい」と貼り付けたような笑顔で言うだけです。

主人公のぼくはまだ何も知らない、色々な町の人たちの言うことを吸収して学び取っていく存在です。それに対してピンサロ嬢のお姉ちゃんは、仕事をしている姿は汚いおじさんに乳を揉まれてお兄ちゃんの目で見てとても「かっこわるい」のですが、世界の理《ことわり》を知っていて、降りかかる現実を全て受け止めながら兄弟を守ってくれる存在です。お兄ちゃんが出ていった後も、「ねえちゃん知ってるもん。男はな、犬と一緒や。一回ションベンかけたとこにはきっと帰ってくる」と笑顔で言います。お兄ちゃんはこういちくんに臨時収入をもらうとお金を持って弟とお姉ちゃんを訪ねますが、弟は自分の欲しいミニカーとお姉ちゃんのお菓子の代金の二千円だけ欲しがり、お姉ちゃんは「ねえちゃんの手、小さいやんか。あんまりしあわせ持ってきてくれてもな、こぼれてしもてもったいないわ」とお兄ちゃんを抱きしめるだけです。そしてお兄ちゃんは「ぼくの大好きな人達の手はみんなびっくりするほど小さいことを、なんで今まで気づかなかったんだろうと、何度も何度も考えた」と学ぶのです。

多くの人はそんなに強くないけど

薄暗いピンサロで汚いおじさんを相手に商売するお姉ちゃんは、兄弟にそう教えたように、自分もいつも笑い顔で過ごしています。この町の女の人には娼婦や飲み屋の女が多く、みんな男には騙されたり逃げ出されたりしてばかりで、「フツー」の暮らしや「しあわせ」を本気で願うと、抗えない現実に対処できなくなるから、夢想はしつつもあまり繊細にならずに、神経を鈍化して鈍化して、自分の傷にも人の傷にも、人間の死にも、鈍感になって生きています。ただ、このお姉ちゃんは神経を鈍化せずに、高貴な魂と知性を維持しながらドブのような町で暮らす稀有《けう》な人です。先に引いた『白痴』と同じドストエフスキーの『罪と罰』に、自己犠牲的な精神性で生きる娼婦のソーニャが出てきますが、ソーニャに日本人の顔があるなら、このお姉ちゃんのようであるかもしれません。お姉ちゃんは献身的に兄弟の面倒を見て、母の借金を返し、店の女の子にお金を貸したまま逃げられたり、仲良くなった男が職場で盗みを働いて遠くへ逃げてしまったりして生きています。

お姉ちゃんは知性を鈍化させずに生きているので、この町にいる限り、人はそう簡単に「しあわせと遠い生き様」からは抜け出せないことを見抜いています。だから最後には、主人公のぼくを町の外へ逃す決断をするのですが、自分はこの汚くて貧しい町に留まります。多くの、このお姉ちゃんよりはよほど幸運な境遇にいる人にとって最も困難な自分の人生の受容を、どうしてこのお姉ちゃんはできてしまうのか、これほど現実に強く、どうして何も鈍化せずにいられるのか、作品の中で解き明かされることはありません。多くの人はそんなに強くないから、傷つけられるのに慣れてしまえば自分が傷つけることにも慣れてしまうし、自分の運命を受け入れられないし、汚い場所にいればいるほど、自分自身の魂も汚してしまわなければとても耐えられないのが普通だと私も思います。汚いところにこそ美しいものがあるのではないかという予感は、多くの人が持つところですが、実際は、汚いところには、汚さに耐えるために汚くならざるを得なかった汚い人たちが多くひしめき合っているものです。

それでも、このお姉ちゃんのようなありえないほど強くて美しい、高貴な魂があるとしたら、それはやはり綺麗な場所に育つことなんてありえなくて、最も汚れ、蔑《さげす》まれ、神様が与えてくれるものはいずれやってくる死だけだというような場所にしか咲かないのではないか、ともおもうのです。

『ぼくんち』（西原理恵子著／角川文庫）

夜のオカネと昼のオカネ

『大貧帳』
内田百閒

140

ＡＶ嬢時代と会社員時代の金銭感覚

ＡＶ嬢をあがった時も、新聞社を退社した時も、貯金なんて一円もなかったという話をすると大抵の人はちょっと驚いて、お金遣いが荒いんですね、というような顔をされます。本人的には高価な品物にそれほど興味があるわけでもなく、ブランド品を買い漁る趣味も、毎日のように美食家たちと連れ立って高い食事やワインを嗜む趣味も別にありません。個人的には貯金というのはエルメスのバーキンと同じようなもので、それを欲した人のもとには運が良ければあるけれど、欲していない人のもとには基本的にはないものだと思っています。

ただ、ＡＶ嬢をあがった時に貯金がないというのと、新聞社を退社した時に貯金がないというのとでは、人によっては受ける印象が違うようで、なるほど確かに自分としても、AV嬢の時と会社員の時とではオカネの感覚が違ったようには思えます。ちなみに、額面上の金額というのは年収にしてしまうと二つに大差なく、気まぐれに出勤するキャバクラの時給やお客からのチップがある分、夜に暮らした時の方が少し収入が高いという程度でしかありません。ちなみに新聞記者時代はそれはそれで、夜職時代に比べて親や親戚との関係が良好だったり、途中からは会社の仕事以外の書きものをすることがあったりして、会社の給料だけが収入源というわけではなかったので、やっぱり総じて入ってくる現金に大きな差があったわけではないような気がします。ちなみに、AV女優をしていたのは三年くらいだけど、水商売も含めた夜職で稼いでいたのが約六年、新聞社に在籍したのが五年半なので、在職期間も似通っています。

月給制で気楽な会社員、入る現金の割に気持ちが安定しない夜のオネエサン

簡単に言ってしまうと、オカネに問題がない時に気楽なのは圧倒的に昼職会社員の方です。昼間きちんとした会社に勤めているとそれなりに時間も奪われますから、そんなに毎月毎月

海外で散財することもないし、ギャンブルやオカネのかかる恋愛など特殊な散財をしていない限り、ものすごく追い詰められることはまずないわけです。そして追い詰められていないとなると、月給制というのは実に何のストレスもなく過ごせるシステムで、オカネのことなんかひとつも考えない日常を送ることができます。オカネ以外のことで、例えば彼氏が連絡をくれないとか上司がワーカホリックでうざいとかいうことでストレスが溜まることこそあれ、特に悩みにオカネが絡んでこない。

逆に、オカネにそれほど問題がない時にも軽いストレス状態を免れないとはいえ、オカネに問題を抱えている時にそれほど深刻にならずに済むのは夜のオネエサンの方にみられる傾向です。先ほど、年収にすれば大きく偏りがないとは言ったけれど、毎月入ってくるオカネに上限がないという意味では夜職の時というのはオカネ持ちです。なのに何故か追い詰められていない時でもそれほど満たされた感じがしないというか、オカネのストレスがゼロとはなかなかならないものです。それは常に成果主義であるがために、もっと稼げるという甘い誘惑と隣り合わせだからなのかもしれないし、働くのが嫌になったら途端に収入ゼロになるという不安があるからかもしれない。そういう意味では入る現金の割には気持ちは安定しません。

オカネがないと途端にどん底になる昼職、オカネがなくてもなんとなくハッピーな夜職

その代わり、会社員だったらありえないほどオカネに汲々《きゅうきゅう》としていたり、借金まみれで所持金が千円にとどかないような事態であったりしても、何となく笑える気楽さが夜職にはあります。もちろん、相対的に若い人が多い業界であるから、若さゆえの傍若無人はあるのでしょう。ですがそれ以上に、だらしなさや貧しさに対して深刻な罪悪感や悪びれのようなものを持たずに済むという性質が、どういうわけか夜の世界にはありました。郵便受けにはそこそこ重要な役所の書類が数ヵ月入れっぱなしになっていて、税金や保険料はもはやどこまで払ってどこからが取り立てられているのかもよく分からず、財布には八〇〇円しかなくても、たまたま引き出しに封筒に入った一万円でも見つかろうものならそのオカネにウキウキしてパチンコ店にかけ込めるような、そしてそれが三〇分で全部なくなっても、そもそもあることを忘れていた一万円だから三〇分楽しめたぶん得したと思えるような、根拠のない明るさがあります。これが昼職会社員であれば、給料日より前に所持金が八〇〇円だと社会

や自分への嫌悪感やどうやって生きていこうという不安に苛《さいな》まれるのだから不思議なものです。

で、冒頭の貯金がない話でも、貯金のないAV嬢というと、大金手に入っただろうにだらしないな、しかし水物のオカネって身につかないものよね、という程度なのに対して、大きい企業の社員で貯金ゼロというと何か怪しい事情と悲愴感を纏ったような印象を持たれるようです。いずれにせよ、オカネがあれば安定してハッピーだけどオカネがないと途端にどん底になる昼と、オカネがあってもどこか満たされないけどオカネがなくてもなんとなくハッピーな夜と、どちらが好きかと言われれば、元来だらしない性格の私は後者を贔屓《ひいき》してしまいます。別に、多くの若者に昼ではなく夜に羽ばたけと言いたいわけではなくて、どちらかと言えば幸運をしみじみと後押ししてくれるものよりも、不運に寄り添ってくれるものの方が心強いと思うからです。夜職でオカネがないと言うのは、本当になくて、しかもその理由も結構どうしようもないことが多い。昔私が同棲していたホストクラブの経営者のもとにほぼ一文なしのトウのたったホストが訪ねてきて、どうしても引っ越し費用が一〇万足りなくて路上生活になってしまうと言うので彼が一〇万円を貸したら、その日の夜にはそのオカネが裏スロットで一円残らず吸い込まれていたというようなことがありましたが、そんな話は笑話としてその辺に転がりまくっていました。

貧乏人の苦労話とは一線を画すオカネの話

オカネの話ばかりしておきながら、オカネがないということに特別悪びれもせず、淡々と記述するのが内田百閒の『大貧帳』です。品がないとか、文化とは対極にあるとかいう印象から、オカネの話をする時に変に身構える書き手は多いと思うのですが、百閒の場合、正面から事細かに金額や内訳も含めたオカネの話をしておいて、どうしてかその筆致は少し他人事っぽさを残して、貧困系のジャーナリズムや貧乏人の苦労話とは一線を画しています。
「お金に縁のある者と、ない者とが集まって、人の世を造っていると云うだけの事であって、どっちか一方だけに片づいてしまったら、窮屈な事であろう。お金に縁のある人がお金をためているのは、私共の側から見ても結構な事であって、又何かの役に立つ事もあろうと思われる」

漱石の弟子で学校では先生で、著名な文章家であるにも拘わらず、家にちょっともオカネがないという事態にしょっちゅう陥っているこの人は、こんな調子で自らのオカネのなさについてはあまり嘆きません。ただし、質屋と懇意にしていることを近所に見られることはマズいと思ったり、オカネがないのに人に無心されたら人に借りてまで貸したりと変に見栄を張るようなところはあって、しかも、貸す時は無心された額よりも多く包むべきだなんて講釈たれることすらあります。

一度、人にオカネを貸してくれと頼まれて、家にある分では頼まれた金額ギリギリになってしまうので家の者を他所に借りに走らせたら、そうこうしているうちに、貸してくれと頼まれたそのこと自体が詐欺だったと判明する、なんて珍事件があり、そんな時、「私に右の様な心掛けがなかったら、うまうまと騙りにせしめられるのであった。友人に金を貸してやる様な立ち場に起《た》った人は一通りこの話を玩味せられん事を希望する」と、どこから目線なのかはよく分からないけれども何故か思いっきり上投げのアドバイスを書くこともあります。

不運と不幸、幸運と幸福は全く性質の違うもの

オカネについて人が語るのを聞くと、大きく分けて「オカネじゃない価値こそ大事」という話と「綺麗事は言っていられない、オカネは大事だ」と言う話の二通りに集約されるもの

ばかりで、少々退屈に思うことがあります。はたして内田百閒のスタンスは後者の様でもあり前者の様でもあり、どちらにも回収されない様でもあるわけです。恨みがましくもなく、かといって罪悪感も自己嫌悪もなく、現代の感覚では偉そうですらあって、突き放しながらオカネについて淡々と描き続ける。

私が、オカネについて何かネガティブな気分でいるとして、救ってくれるものがあるとすれば、彼のそんな文体であるような気がするのです。カネカネ言いながらもカネによって心の有り様が変わらない彼の生活は、不運と不幸にはあまり相関性がなく、幸運と幸福もどうやら全く性質の違うものだということを示してくれる気がするからです。

「お金はなくても腹の底はいつも福福である」なんて強がるけれど、そうそう一貫して無頓着だとか割り切っているわけではなく、恩師である夏目漱石の軸を売らなくてはならないほど追い詰められた時には「心中にも耐え難いものがある」と言います。「しかし、これを以て米塩に代え、一家が活路を見出す迄の日を過ごさして戴いたとすれば、恐らくは、願わくば先生も許されるだろう」と、割とすぐ気も取り直す。そしてようやくちょっとオカネに余裕ができたタイミングでなんとか軸を取り戻し「もう決して人手に渡すまい」とか言うわりに、今度はまた別のところに売ってオカネを作ってしまうくだりもありました。学生時代から買いためた蔵書を差し押さえられた折にも「考え込むと惜しくて堪らないが、また気をかえて見ると、さっぱりした様にも思われる」なんて、瞬時にせいせいした気分になっていることもあります。貸し借りそのものや高利貸しなどについても文字が割かれ、汲々としている割にはフェアな気分が窺えます。

要はオカネがないということを延々と書いているのだけど、ギリギリのところでそのオカネに取り込まれない。どうしてか、オカネと共に魂や活力を失うことはしないのです。私はまさにそこが、あの、夜の世界の魅力の一つでもある、不運を嘆きつつ嗤《わら》うような性質に繋がるような気がします。嗤うということは自分の不運を許すことでもあります。不運であることを許せないと、実際に不運なことが起きたら、途端に不幸になってしまいますが、不運を抱えられる胆力があれば、不幸になるかどうかはその後に決められる。

昼の職にいた時に感じた、オカネについてやや不自由な気分というのは、結局は比較的安全な場所にいる人というのは不運に対して許せる器量が目減りするという事実に依っているのではないかと思うのです。自分の不運を許せない人は他人の幸運を許せない人でもあり、そういう人に囲まれているとズルいとか羨ましいというのが自分の本来の気分よりも優先されて頭の中に浮かぶ様になるので、単に自分が不幸になりやすいだけではなく、他者に攻撃的になる場合も増える気がします。

ちなみに私は、自殺した数多《あまた》の文学者よりも、高齢まで生き抜いた作家たちに美しさを感じるところがあって、內田百閒のそのフェアなスタンスと、彼が八一歳で老衰で死ぬまで生きたという事実はどこかリンクするような気もしています。

『大貧帳』(內田百閒著/中公文庫)

この世で最も不公平な関係

『シズコさん』
佐野洋子

親なんてとっとと捨てるに越したことはない

母親を殺さなければ女は絶対に自由にはなれません。捨ててしまえばいいのに、と思うほどの関係をむしろ積極的に引き受けて、自ら苦労を買って出ているように見える娘たちにも、捨てるほどかしら、と思える関係を早々に切り捨てて、力強く孤独と向き合っているように見える娘たちにも、たくさん出会ってきましたが、そこにある重荷としてだけではなく、いないならいないなりの、不在という形でやはり女を悩ませる、母親とはそういうものである気がします。

まだ私が生きる術《すべ》も持たず、生殺与奪を母が握っていた頃の母娘関係は、取り立てて酷いものではありませんでした。傷つけられたり、手を振り払われたり、責められたり、嘘をつかれたりすることはあっても、私のすべきことは必死に母に手を伸ばすことだとはっきり決まっているわけだし、そもそも母の作った家庭以外の家をよく知らない。この時、捨てる捨てないの判断をするのは母の方に限られているわけで、最後の最後にこの人が私を捨てることはないとどこかで信じられていた分、私は幸福な子供だったのだと思います。

少しずつ母のいない場所で過ごす時間が増え、一〇代になって自分を守ってくれる人が必ずしも母だけではないことを知るようになると、娘が母を見る目は少し冷たくなります。本を読み、友人を作り、師を見つけ、さらに母の知らない私の身体を共有する男を作ると、今まで何の選択の余地もなく信じていた母の価値観と自分自身の価値観が全く別のものになってくる。母を愛するということが、無条件にクリアできる問題ではなくなります。

そうなってしまえば娘は母を批判することができるようになるし、母が年老いていけばいくほど、今度は捨てる捨てないの判断はどんどんこちらに委《ゆだ》ねられていきます。自由になりたいのであれば親なんてとっとと捨てるに越したことはないと分かってはいても、捨てたという自責の念を抱える覚悟がなかなかできないことは多いし、母を嫌うという行為によって、その母に育てられた、一度はその価値観を共有した自分自身の否定につながるような気がして、なかなか乗り越えられません。

「母としてではなく、人として嫌だった」

私は一〇代、二〇代の一時期、自分の母親ほど卑劣な人間なんていないんじゃないかと感じていたことがあります。何の知識もない赤ん坊の頃から近くにいる娘の前で、油断した母親たちは自分の心を許し、世間や社会には見せない自分の矛盾した部分をさらけ出すから、よその女性たちに比べて自分の母というのがいかに矛盾してズルくてだらしない存在か、娘は目の当たりにするし、幼少期にはそのような見極めができなくとも、幼少期の記憶を後から辿って、母を軽蔑するというのは多くの女たちがたどる道です。

「私は母を金で捨てたとはっきり認識した」と言い切る佐野洋子の『シズコさん』は、ほとんど寝たきりになった母を前に、長らく愛したいのに愛せない、愛されたかったのに愛されなかったという作者の母娘関係を、戦後に大連から引き揚げてきた頃の記憶から辿って書き上げたエッセイです。認知症となり、ほとんど寝たきりになった母であるシズコさんは老人ホームのピンと張ったシーツの上に寝ています。絵本『１００万回生きたねこ』などで名声を得た佐野洋子は、膨大な額の身銭を切ってホームに入れました。「それは私の母への憎しみの代償だと思っていた」と作者は書きます。「私が母を愛していたら、私は身銭を切らなくても平気だったかも知れない。大部屋で転がされていた、私が知っている特養に入れても良心はとがめなかったかも知れない。私は母を愛さなかったという負い目のために、最上級のホームを選ばざるを得なかった」。

戦後の混乱期、楽しかったであろう北京の生活を離れ、好きな都会に住むことも叶わず、病弱のインテリだった父の実家の近くで肩身の狭い生活を強いられながら、子供を七人産み、そのうち三人を幼くして亡くしたシズコさんは、典型的な元モガで、気取っていて、社交的で、見栄っ張りで、虚栄心が強く、娘から見れば本来持っているべき家族や兄弟への愛や優しさに欠け、配慮のない女性でした。「私は母を母としてではなく、人として嫌だった」と回想する作者はそんな母に、特に母が可愛がっていた兄が死んでしまって以降、虐待という名のつかない虐待を受けて育ちます。過酷な家事を押し付けられ、ちょっとでも手を抜くと「私をだまそうとしてもそうはいかないんだから」と睨まれ、遊んで帰ると「えっ、どこで遊んで来たのよ、えっ」と柱に頭をゴリゴリ押し付けられます。「母は兄の代りに私が死ねばよかったと思っていたのだろうか」と思わせるほど、まだ小学生の娘に厳しく当たりました。

愛さなかった自分の冷たさと、母を捨てた自責の念と

反面、シズコさんはそこらへんの主婦にしては異様なほど家事は完璧で、父が帰ってくる前には必ず身だしなみを整え、父の教え子たちにも好かれています。終戦からすっかりしょげていた父の代わりに子供たちをしっかり食わせ、男の子を三人も幼くして亡くし、結局夫もまだ若い時に亡くしてしまいます。主婦だった母は四二歳で仕事をはじめ、生き残った子供達を全員大学まで入れてくれました。戦後の貧しさを一切愚痴らずに。シズコさんは立派な仕事をしました。ただただ、母というものになりそびれた人だったのです。

佐野洋子の記述は容赦無く母の嫌なところを暴きます。障害を抱えた自分の弟妹を無視して叔母に押し付け、全く世話をしなかった母、見栄っ張りで学歴詐称をして住んでいるところも嘘をついていた母、海外旅行に連れて行ったら少しオドオドしてナイフとフォークを使っていた母を、観察者としての娘は鋭く見抜いていて、それに加えて自分を愛してくれなかった母の身勝手も幾度も綴られます。写生大会で賞をとったことを報告しても「いやだわ、

私着てゆくものがないわ」と言って、娘の名誉を喜んではくれません。「私が母の何を具体的に嫌だったか、全然思い出せない。何でもかんでもムカついていたのだと思う。母の匂いがむかついた」と時々母への論理を超えた嫌悪感が溢れさえします。

それだけでなく、母の優れた面や、子供だった自分の問題にも徐々に向き合っていきます。「私は大人に好かれない子供だったと思う」と振り返る作者を今苦しめているのは、母の虐待のトラウマではなく、母を愛してあげられなかった自分の冷たさと、最終的にお金で解決して母を捨てたという自責の念です。母よりずっとウマが合った叔母に、母について「どうして、あんな人になっちゃったんだろう」と語りかける学生時代の自分を回想し、自分の中にある母への軽蔑を見つめます。「私は母を好きになれないという自責の念から解放された事はなかった」と長く自分を苦しめてきた、愛したいのに愛してあげられないという思いは、認知症となった母の前で溢れ、なおかつ自分以外にも、母との関係に苦しみ、母との関係に苦労している女性たちがいることも知ります。

母の価値観を否定したくて

私も大人になって、母とうまくいかない娘たちを多く知りました。良くも悪くも自分だけが特別だと思わないで済むのは大人の特権ですが、それでも、自分の才能やコンプレックスが凡庸なものであると受け入れるのと同じようには、母との関係は整理してしまえるものではありません。その距離も母のキャラクターも母の苦労や自分の罪悪感も、この世に一つとして同じものがなく、また自分の母を母として知っているのは近しい姉妹などがいない限り、娘である自分だけだからです。

私の母は重要な仕事をいくつもして、多くの人に美しい若いと褒められ、家を守り、六六歳で死ぬまで勉学を怠らない人でした。留学帰りの美人で、勉強熱心、仕事熱心のキャリアウーマンで、父の友人たちにも人気でしたが、おかしな価値観もたくさん持っていました。リベラルで立派な思想を掲げるわりには専業主婦を軽蔑し、売春婦を軽蔑し、セレブ妻やホステスも軽蔑していました。教育環境や経済的に恵まれていた自分の生育環境を棚に上げて、男の庇護の下にいる学のない女たちを自分とは別の生き物のように扱っていました。家政婦にも「先生」と呼ばせるような人でした。私はそんな母の矛盾を身近に観察して育ち、母の価値観を否定したくて身体を安値で売り飛ばし、男の金で贅沢するようになりました。初めて性をお金に換えた時、母に復讐したような気持ちの高揚があったのを覚えています。

かといって母のもとで培った価値観や趣味は私の中に根を張り、私という人間を大きく方向づけていることに間違いはありません。そんな風に大人になった私と母の間には、どこかお互いを憎み合いながら、自分の歪みを相手に映して嫌うような空気が常に漂っていました。

土に埋めて初めて、ごめんなさいを繰り返した

「私はずっと母を嫌いだった。ずっと、ずっと嫌いだった」と言葉を編み出す佐野洋子とシズコさんの関係も、私と私の母との関係とは全く別物で、母の性格も自分の性格も、育った時代も土地も違うけれど、母を愛せない罪悪感から解放されない女の存在が、私が安易に遂行した復讐に持つ罪悪感と時に共鳴します。三三歳で私を産んだ母は私が三三歳になる直前、六六歳で他界しましたが、その時、私が繰り返し読んでいたのは『シズコさん』でした。母の病室と歌舞伎町を往復する生活の中で、私の自責の念はリミットを超えて、何も感じなく

なっていました。病室で力なく横たわり、私が帰ろうとすると何かと言い訳を見つけてそこに留まらせようとする。どうせ大した用事があるわけではないのだから、眠るまでそばにいてあげればよかったのに、私は私に捨てられることを恐れているように見える母を病室に置いて、毎日消灯時間には病院を後にしていました。病気が見つかってから二年と少し、私は母にありがとうを言う程度の時間はあったけれど、ついぞごめんなさいと言わずに葬らなくてはいけませんでした。母を焼いて土に埋めて初めて、ごめんなさいを繰り返していました。

シズコさんは、老人ホームでもうほとんど分からなくなった頭で過ごし、作者は「私は母さんが母さんじゃない人になっちゃって初めて二人で優しい会話が出来るように」なります。そしてある時、「私悪い子だったたね、ごめんね」と言ってから、「私はゆるされた、何か人知を越えた大きな力によってゆるされた」という気持ちになります。シズコさんに対して、かわいそうだという気持ちは以前からあったけれど、「私は母さんを捨てたから、優しい気持にも時々なれるのだ」と自らの経験を語ります。

母と娘は他人と言うにはあまりに近く、しかしどうしようもなく他人です。母の肉体からまろび出て、そのうち母の介護をするようになるこの関係は平等になどなり得ない。一度は母を捨てなくては、娘は母を嫌う自由すら意識できません。その上で、母を嫌った自分を許す過程こそ、女が母とはまた別の人格である自分を獲得する過程のような気がします。そこで幸運であれば、間近に存在した矛盾だらけの母のことも、理解しないまでも許せるのかもしれません。

『シズコさん』（佐野洋子著／新潮文庫）

第5章

言葉を身体に貼り付けて

「私、話なんか知らないもの。
ショーウインドーを眺めて行きましょうよ。
あれを見て。素敵じゃない」

ボリス・ヴィアン「うたかたの日々」より
（伊東守男訳）

夜が過ぎても生き残る可能性があるなら

『夜になっても遊びつづけろ』

金井美恵子

三八歳という年齢は生存者の証

最近、生き延びた、という感覚が日に日に強くなった気がします。若い頃に比べれば危険な遊びなどしていないし、何か大病を患ったわけでも危険な場所から帰還したわけでもないのだけど、それでも三八歳という年齢が私には生存者の証のように響いて仕方ないのです。私の好きなセックス・アイコンたちに早逝した人がとても多いのも一因のような気がします。三六歳になった時、ついに最も好きな映画スターであるマリリン・モンローが死んだ年齢になったのだとしみじみ思ったのですが、他にもジーン・ハーロウはたった二六歳でこの世を去っているし、ポルノ女優出身だった飯島愛が遺体で発見されたのは三六歳のクリスマス・

イブ、ピンク女優出身の鈴木いづみが首を吊ったのも三六歳の時、一時代を築いたポルノ女優の林由美香が死んだのも三五歳の誕生日前日でした。同時代を生きたポルノ女優でも、印象に残っている人や少し親交があった人には若くして死んだ人が少なくないのです。日本のAV産業は、ポルノ女優になってもなかなか仕事が回ってこないほど多くの女性たちを抱えているので、もちろん、死なずに生きている人の方が全然多いとはいえ、三〇代そこそこの似たような年齢で夭折した名前は印象に残ってしまうものです。

だから、生き延びた、という感覚と同じくらい、生き残ってしまった、という感覚も強いのかもしれません。別に死にたいと思ったことはないけれど、死んで崇高になりきれなかった凡庸な自分に、どこか退屈さを感じるのも事実です。性や色を売るとき、誰でも簡単に売り物になるのは一〇代、比較的苦労せず売り物になるのは二〇代、美貌や技術がものをいうのが三〇代、そしてどんなに器量や技術があっても四〇歳が一つの壁になるような、側から見ればくだらない、しかしその場にいた者なら実感としてあながち嘘でもないと思える謂われがあります。時代を代表するセックスシンボルが四〇歳を待たずに命を落とすのであれば、何かそこに凡人にはない崇高さを感じるし、潔く生を断ちきれない者はかつて世界の夜を賑やかした身体を抱えて、はったりなく心ならずとも生きていかなくてはならない。たとえ自分を自分たらしめると信じていた価値が剝ぎ取られた姿がみっともなかったとしても、そしてそれと同じ価値が二度と手に入らないことをこれ以上ないほど知ってしまったとしても、日常を積み重ねるのです。

結局は明日も来年も生きていると信じていた

思えば、未来のことよりその日の夜のことに重きを置いて、刹那的に振舞っていたかに思える私自身の幼い記憶も、いくらなんでも全てその日暮らしで、明日のことなど一切考えない日ばかりだったわけではありません。もしそうだったとしたら、家賃を払ったり、タンパク質とビタミンを取ったり、修士論文のための資料集めに国会図書館に通ったり、永久脱毛したりはしないですから、破滅的に見えても結局は明日も来年も生きていると盲信的に信じていたわけです。ただそれらの美容や学歴など全て、大体三五歳くらいまで惨めにならずに楽しく生きていくために重ねたような気がします。だから家庭を持ったり、子供を教育したり、四〇歳すぎて刺青を消したり、日焼けのせいで老後の肌が荒れたりするイメージは全く湧かないまま、しかし家賃や住民税や保険料は払って、脱毛や大学にも通って生きてきたのです。何の根拠もなく、また何か特別な死への誘惑があったわけでもなく、ちょうど今の年齢くらいまでのイメージだけ持っていました。

生き延びたのか、生き残ってしまったのか、とにかく私は美しきセックス・アイコンたちが死んだ後も生きていて、そして自分のイメージやプランの中に全くなかった年齢を超えつつあります。それは残念なことに全くドラマチックではないけれど、でも死より生の方が幾らか明るいような気もするし、少なくとも生きていることが苦痛だったことはないので、ひとまず良いことだということとしましょう。

そして私が退屈な身体を抱えてでも生き延びた理由があるとしたら、あるいは私の身体や日常がこれからさらにつまらなくなるとしても、何となく生きていくことに楽観的にいられるとしたら、それは言葉があるからだと思うのです。それは別に、私に卓越した言葉遣いの才能があるとか、誰よりも多くの言葉を持っているという意味ではないけれど、少なくとも言葉の力に頼ることなくして、やすやすと生き延びているということはあり得ません。

自分自身の言葉を持つこと

「ようするに、大衆はことばによる表現ということを知らない。国家という体制のなかで、民衆に割りあてられたことばしか知らないのだから、おしゃべりのほかにはことばというものを持っていないのである」

これは一〇代の時に「愛の生活」で小説家として多くの評価を得てデビューした金井美恵子が二十歳前後の時に『随筆サンケイ』に寄せた「優しい言葉に……」というエッセイの一文です。♪やさしい言葉にまどわされ、このひとだけはと信じてる、と歌う歌謡曲「骨まで愛して」に言及するところから始め、「この種のことばに惑わされたり、だまされたり、というのは大衆の歴史であり、口説が直接生活の窮状にかかわってくるものであるだけに、歌にうたわれた大衆のウラミツラミにはきりがないだろう」「大衆は自ら、ことばが論理にではなく、おしゃべりのなかにしか存在しないことを告白している。ことばでいわれたって信用しないというモラルがそれであり、これは当然、ことばでならなんとでもいえるのであり、不言実行が美徳とされるゆえんである。こうして大衆は自らの言語不信に陥ってしまっている」と続けます。「自己表現に関する内在的な自己のことばを所有しないために、沈黙と言語不信に陥っている大衆は、反作用の強烈さによって今度は、彼らが知識とか良識とかであると思い込んでいるところの、新聞雑誌およびテレビで語られることばを、コマーシャルも含めて信じることになるのだ。惑わされるということは、何かを信じることだ」。

人が言葉について持つ感覚というのは特殊なものです。昭和歌謡にとどまらず、平成になっても、ヒットソングの中では常に言葉にならないもの（気持ちや愛など）こそ高尚で、言葉はいかにも軽薄なものとして扱われることはしばしばある反面、言葉による理解への憧れは教育や恋愛などいくつもの場面で見受けられます。言葉狩りなどと言われるように、凶器としても認められ、言葉によって自尊心を傷つけられることが、最近では最も一般的な、劇的な自殺の理由の一つに数えられます。ただ少なくとも生きづらさをある程度回避すると考えた時に、言葉に惑わされない、つまりは自分自身の言葉を持つことは一つ何かの術になるはずです。矛盾する言い方ですが、そうしてよってのみ、言葉過信からも逃れられる気がします。

右のエッセイの前年には、六〇年代にマスコミが注目した一部の非行動的な若者「フーテン族」について紡がれた文章が発表されています。「混乱しっぱなしのように見えて、実はどうにも変わりようのない堅固な世界に変革の夢を持って、華々しく、みっともなく挫折と試行錯誤のラディカルな虚花《あだばな》を咲かせ散らしていったかつての青春の数々に、フーテンたちは無言のノンを言う」。そしてそのエッセイも、最後にこんな一文で締め括られます。「表現と言える言葉を彼らが所有した時、彼らはまだフーテンという曖昧な集団を作っている必要があるだろうか。ある意味では社会を遮断するバリヤーに囲まれていたフーテン集団は、非順応的な少年たちの貧しい地上楽園でさえあった」。

ＳＮＳの善比べは回避できる無駄

金井美恵子の初期のエッセイを集めた『夜になっても遊びつづけろ』を手に取ったのは、私がちょうど一〇代の終わりに近づいた頃でした（当時は講談社文庫版。現在は平凡社の同名のコレクションで同書収録の多くのエッセイが読めます）。言葉について著された文章だけでなく、幸福や若さについて、映画や人物についての文章が連なるそれは、私が言葉に意識的になった契機という側面もありますが、何より言葉を獲得する過程の糧になった本です。筆致には緩みや気遣いがなく、あてがう言葉を持つ人は、たとえばこのように青春、あるいは若さを眼差すことができるのだと、幼い私を妙に納得させました。シニシズムという代償を払ってなお、言葉によって切り刻んだ空気の隙間から見る世界は魅力的に思えたのです。

迂闊な若者の多くは、自分に必要な言葉と自分に求められている言葉を混同し、つまり自分の正誤表を世間一般的な意味での善悪となるべく近しいものにしなければならないという強迫観念を持ってもがくのが常で、それを最近流行の言い方で生きづらいと表現することになります。世間で単純に善悪とされていることを参考までに頭に入れておくことは処世の役には立ちますが、それが自分の持つ感覚と一致してしまってはまずい。むしろマスの圧力によって押し付けられる善悪の座標が、個人によっていかに書き換えられるか、その幅の広さを把握しておくために青春の時間は費やすべきです。今、ＳＮＳなどで多くの若者や社会人の時間を奪っている、善比べのような行為、つまり双方が無知な相手に正しい善悪を植え付けようとする行為や、弁のたつ者がそうでない者の善悪を一掃するような行為は、青春の過ごし方によっては回避できる無駄だからです。そうした行為が暇潰しになるのはせいぜい自分の数倍力と言葉を持つと認めざるを得ないような相手にけしかけ、打ちのめされるという敗者の快感を得られる時に限ります。

生きることの実感に繋げるために

このエッセイ集の中で、母親という存在について綴られた箇所を引用します。

「その肉親としての血の繋がりも含めて、わたしたちの生の原点であり、日常性であり保守性であり、子供からは裏切られることしかない存在なのです。それだけに彼女の力は、彼女が単に母親であるという理由だけで無限大なのですから、決定的に母親の期待を裏切る精神上の体験を通してでなくては、わたしたちは、あらゆる闘争の中で花開くヴァイオレンスの紅い花を咲かせることはできません」

それから幸福について、「青い鳥」のチルチルとミチルが、これから生まれてくる自分らの弟が、生まれてすぐ死ぬことになっていることを知ってしまった時の描写を交えてこのように書かれている箇所があります。

「『じゃあ、何のために生れてくるのさ！』とチルチルは叫ぶのだけれど、本当に、それでは何のために生れてくるのだろう？　幸福とは、そういうものだ。最初から死ぬことがわかっているのに、それでも生れてこなくてはならないもの。本当はありもしないのに、探すことを強制されたもの？　それは多分観念上の所産であって、観念の生み出すあらゆる所産物が、狂気や妄想や陰惨な情熱に充ちた空中楼閣であるように、幸福という観念も、本来は狂気や迷妄に属するものなのである。だから、幸福な結婚や、御家庭の幸福や、幸福な恋人、なんてものは、本来存在しないし、存在したためしもない」

こうした文章は確かに六〇年代的な態度を持っていて、昨今の、何でも手短に巧い！　と言わせ、なおかつあたかも絶対的と思われているような善悪を大きく裏切ることなく、心を和ませ、無難に震わせる回答が好まれる大喜利ネット社会においてはそれほど重宝されない傾向もあります。若者たちは若さや幸福、あるいは母親との諸問題について、誰かの気の利いたコピーでいっときは理解した風を装っても、結局なかなか生きることの実感には繋げられないでいるわけです。圧倒的な暇と未完成の身体を抱えて過ごす若さという時間を、「謳歌」するのも、大いにフイにするのも、まるで世界の未来のためかのように生真面目に消費するのも、個人的にはアリだと思いますが、生きづらいという分かりきった事態を、巧いこと言う！　と言われるためだけに言い続けるのは時に退屈だろうと想像します。退屈さは人に対しても自分に対してもサディスティックになる隙を与えますから、満たされないという至極ありふれたことに、あまりに真面目に悲しんでしまうような青春を送らなかったことは、私が三八歳という間抜けな年齢まで死なず生き延びたことと関係しているわけです。

「すべての青春がパセティクな色彩をおびるのは、むりで絶望的な試みの犠牲（筆者注：レヴィ＝ストロースの表現）をその本質として所有しているからなのである」

『夜になっても遊びつづけろ　金井美恵子エッセイ・コレクション［1964－2013］1』（金井美恵子著／平凡社）

若い女の心はそう整うものじゃない

『私家版　日本語文法』

井上ひさし

「どろどろ」と「もやもや」を辞書に解説してもらう

歌舞伎町の魅力って何なんですか？　と聞かれることがよくあります。数年間歌舞伎町のすぐそばに住んでいたし、働いていたことも、毎晩夜遊びに出掛けていたこともあるので、おそらく私は新宿・歌舞伎町が好きなのでしょう。昼間の殺伐とした雰囲気も嫌いじゃないし、夜になって切羽詰まった空気が充満してくるのも、深夜一時を過ぎてどこか夜にしがみついている人たちが往生際悪く歩いているのも好きです。

毎晩パーティーのようなお祭り騒ぎが繰り広げられるという意味では六本木や渋谷や浅草にも似たような性格があるのでしょうが、そこに一抹のどろどろした空気が混ざっているのが魅力ではないでしょうか、と答えていたのですが、この「どろどろした空気」というのはいまいち正確な言語化をサボっているような気がする。かといって、「どろどろ」の一言でいとも簡単に伝わってしまうニュアンスを解体し、文章で表すのはそんなに楽な作業ではありません。

ちなみに手元にある新明解国語辞典第七版で「どろどろ」を引くと「【1】堅い物がやわらかくなって不透明な液状になること（様子）。【2】各種の要素が混在して、不明朗かつにわかに分析を許さないこと（様子）」と解説されます。歌舞伎町のどろどろした様子はなるほど確かに不透明な液状のようでもあり、にわかに分析を許さない様子であり、嫉妬や愛や享楽や絶望など各種の要素が混在してもいる気がします。堅い物がやわらかくなるというより、ふにゃふにゃしたものが一回堅くそびえたって、一定の作業の後に再びやわらかくなるような気もしますが、当たり前に使っている副詞を解体してみると、言葉にならないと思っていた気持ちは存外、辞書や専門書の類がとっくに言語化してくれていたりするというのはよくあることです。

同じような擬態語で最近非常によく散見する「もやもや」というものがあります。ＳＮＳなどでは得意の略語化、動詞化で「もやる」なんて書かれているものもありますが、「首相の記者会見を見ていたけどなんかもやもや」「昨日パワハラ上司と和解の話し合いはしたけどまだもやる」など、基本的には何かしらネガティブな印象と共に、はっきりとした批判の一歩手前で発せられることが多い。とにかく若い世代を中心にみんなもやもやとしているようですが、こちらを同辞書で調べると「【1】もやが立ちこめているようで実体がはっきり分からない様子。【2】解決したり明らかになったりしないため、不安・不満などが無くならない様子。」とあります。そう解説されてみると、その言葉の奥にあった自分の期待や理解したいという思いを改めて発見することになるし、己の不安や不満の所在がはっきりすることもあります。自分が自然と発した言葉に何が込められているかを辿るのは結構楽しいのです。

若い女のコの心は常に予測不能で不安定

「心を整える」と言った人気スポーツ選手もいましたが、私はそんな高尚な人間じゃないし、そんな超人的芸当はできないので、昔から心なんてどうせ整わないからせめて言葉を整えてみる、と思って生きてきました。特に若い女のコだった時には、心は常に山の天気のように予測不可能で不安定、全て壊してしまえ！　と思った次の瞬間には、この穏やかな幸福をいつまでも握りしめていこうとか思ってしまう、非常にあてにならない怪しいものでした。自分って結構悪くない存在かもと思った矢先に、自分はなんて退屈で凡庸な人間なのかと嘆き、きっと私は何者かであるに違いないと望みの少ない期待を燃やしながら、もしかしたら私って何者でもないのかもしれないという予感ではち切れそうになるわけです。若いと困ったことに行動力と体力に溢れていますから、全て壊してしまえ！　な気分の時の後始末を、穏やかな幸福気分の時にさせられたり、穏やか気分の時に始めてしまった厄介ごとから、壊せ！気分の時に逃亡したりと、色々と自分に迷惑をかけられて、それで再び心が乱れていくという循環も抱えていました。そこにアルコールやセックスや音楽やお金が混在しているので、余計に始末が悪く、一晩の飲酒代を三ヵ月かかって支払ったり、不用意なセックスで性病になったり、ライブの帰りに骨折したり、心乱れることには事欠きません。

理知的な若い女というのも確かに存在しますが、私のように、世間から見れば「？」な逸脱を繰り返したタイプの人間というのは基本的に、自分の凡庸さを受け入れることがなかなかできずに、安易な方法で凡庸さを蹴っ飛ばそうと悪足掻《わるあが》いた小っ恥ずかしい精神性の持ち主だったということです。服を簡単に脱ぎ捨てるとか、唾液に数千円の値段をつけて売り払うとか、カメラの前で悩ましげなポーズをとるとかいうことは、若い女なら誰にでもできる、最も簡単で捻りがなく、凡庸の極みみたいな逸脱ではありますが、瞬間的に自分を非凡な存在のように見せてくれる効用を持つわけで、そうやって自分の心にちょっとした悪の華を咲かせてみたい女はいつの時代にも存在しました。

そういう青春を通って人はみんな大人になるなんていうクリシェは薄ら寒く、後から思い返せばそれなりに取り返しがつかないし、やらなくていいことや後悔はいつまでも続くし、それによって何か大切なものが見つかったとか、そういう道を通ってきたからこそ自分を見つめられたとか、そんな風には必ずしも思いませんが、若いというのは基本的に愚かなものであって、愚かさへの赤面と懺悔、そして取り繕いによって大人の時間が形成されるとも考えられます。要は、人の心は基本的に乱れているものであって、それがいいとか悪いとかいう次元の話ではなく、乱れた心との付き合い方を徐々に獲得し、自分の凡庸さを噛み締めながら、人はなんとかクラブで酔い潰れてトイレでセックスとかはしないでも生きていける程度には落ち着いていくものだと私は思っています。

人は人生を言葉を通じて把握する

　そしてその過程に最も寄与してくれるのが、私たちが毎日使い、発さなくとも少なくとも心の中で使い、ワンコやニャンコにはない記録を可能にする言葉の機能だと思っています。そして、自分の凡庸さを受け入れる戦いこそ青春だとしたら、凡庸な存在でなくしてくれるのではなく、凡庸な存在であっても多分結構人生は楽しむに値すると思わせてくれるものでもあります。という割には私たちは青春の最初の方を、大抵は英語の習得などに気を取られて、母国語の構造については「喋ればいいじゃん」をモットーに忘却して過ごしているのも事実です。「接続詞」とか「人称代名詞」とかいう文法用語を最後に聞いた記憶が、大体は英語の授業に偏っている人は多いでしょうし、確かに母国語というのは記憶が鮮明じゃない超若い頃にその極意を習得してしまっていて、人はすでに使えてしまっているものについて、不具合でもない限り点検するほど暇ではないでしょう。でも、言葉に不具合がないと思っていても、人生に感じている不具合が言葉に起因するものであれば、やはり言葉に関係しているとも考えられる。当たり前ですが人は人生を言葉を通じて把握しているからです。

「ひとつ、わたしたちは始終、相手との間《ま》を測り、相手と間《ま》を合わせることに苦心しているが、この間《ま》を微調整するために、無限に近い人代名詞を必要とするのである。ふたつ、そうやってできあがった間《ま》を固定させておくためにコソアドという遠近区分け法がある。いわば前者は〈相手に合わせての自分定め〉、後者は〈相手との共同の縄張りづくり〉というべきものであるが、ひっくるめて相手との関係が断絶状態におちいるのを防ぎ、間《ま》を保《も》たせようとする工夫ではないだろうか」

これは井上ひさし『私家版 日本語文法』に収録された「ナカマとヨソモノ」という文章の冒頭近くの一部です。文法学者が書いた文法書を読むほど暇で生真面目な若者というのはほとんど存在しません。凡庸さの極みのような逸脱を繰り返していた私も、土日は撮影やデートがあるし、平日は同伴やアフターがあるしで忙しく、そもそも文法を真面目に研究してみようという気概は持ち合わせていませんでした。ただ、どうせ日本語について見直すのであれば、自分が最も好きな言葉を遣う人、この人のような日本語を遣いたいと思える人の言うことならちょっと聞いてやってもいいかなという程度の気持ちで読んだのがこの本です。私は井上ひさしのお芝居と小説の愛読者だったし、話をどんどん脇道に逸《そ》らせて、くだらない言葉遊びと必然的な諷刺を盛り込む彼の性質が、どういった日本語理解の上に成立しているのかには興味がありました。

「文法」という物差しで眺めてみれば

「怠け者の自己弁護、さもなくばズーズー弁圏出身者のひがみ、どちらととってくださってもよろしいが、文法授業の初期に、いわゆる日本語とわたしたちの常用語との境目あたりについて、一時間でいいからなにか説明があればもっと日本語文法に興味が持てただろう」と、初《しょ》っ端《ぱな》から文法教育については若干中指を立てた本書は、あらゆる文法についての基本文献を引いては時に異論を唱え、風俗の求人や新聞の投書など幅広い事例を使いながら、日本語の語法とそれに関係していると見られる我々の考え方を邪推していきます。所々になかなか切れ味鋭い政治批判が盛り込まれてもいますが、たった今解説した言葉について嫌味っぽく大袈裟に実際の文章で早速使用していたり、「筆者の偏見的独断」「筆者の思いすごし」などと称して暴論のような言い得て妙のような独自の解釈が出てきたりもします。

日本語における接続詞の曖昧かつあまり重要視されない特質を、夫婦交換（スワッピング）の専門誌のメッセージ欄からの引用で確認した上で、「あまり接続詞を使わぬということは、論を立てるのを好まぬということと同義である。そうなのだ、わたしたちは情感を表現するのに有効でないものは使おうとしないのだ」と論を進めます。漢字を使う日本語の造語力の豊かさを示す事例として「各個室カラオケ設置開業七周年記念出血覚悟大奉仕」という連れ込みモテルの広告文を引っ張り出し、「連れ込みモテルの客引き惹句《じゃっく》に『出血覚悟大奉仕』とは考えたもので、支配人のこの洒落《しゃれ》っ気には思わず膝を打った」とかなんとか言いつつ、「〜的」「〜化」「〜風」「〜ぶる」「〜っぽい」「〜らしい」など接尾語の豊かな発展は、「ある状態を、ある感覚を、そしてある性質態度を、より正確に表現しようとして、出来合いの語では言い足りぬところから発明された便法だろう。その便法の大部分がよりよく悪態をつき、よりよく批判するためだったとすると、どうも人間とは性悪な生き物であるらしい」と拙速な暴論に急ぐ箇所もあり、基本的に若い私は笑いながら読んでいました。

日本語の敬語体系がこれほどまでにはっきりあることを「恩の売り買い」をしているのではないかという著者の指摘は示唆に富むし、身振りや表情が乏しいと言われる日本語に敬語がものすごく豊かに用意されているのは、「どの国の人びともほぼ同じ量の〈敬語量〉を持つ」のではと訝しがる点も「そうかも?」と思わせます。ただそれ以上に、「自分の息子が東大を一番で卒業し大蔵省に入り、将来は大蔵次官から政界へ転進し、保守党内閣の中枢となるだろうことは約束されていても決して『うちの賢息は』などと呼んではならぬ」「同時に、相手の息子がどんなに不出来であろうとも『うけたまわれば、御賢息様には、婦女暴行の容疑で警察に連行されなされたとか、さぞかしご心配ではございましょうが、なあに若いうちはそれぐらいの元気がございませんと……』と書くのが常識である」という手紙の上の自他の取り扱いの解説にページが割かれるのが井上らしくて印象に残ります。

なんで「君が代」であって「君は代」じゃないのかとか、どうして人はみんな天気の話しだすんだとか（再読していて「わが国では明らかに天気予報は気象学にではなく、歳時記文学（?）に属しているのである」のくだりで飲んでいた炭酸水を吹き出しました）、役所やマスコミが「と考えられる」「とみられる」などの自然可能的な受身表現を連発するのはなぜかとか、日本が「ガイジン」恐怖症・軽蔑症のような性質を持ち続けている根底に何があるかとか、ローマ教皇庁が匙を投げるほど日本でキリスト教の布教が思わしい成果を上げなかった理由はどこにあるかとか、そういったことを考える物差しに、文法というひとつのメモリを加えて考える本書を読み進めていくと、凡庸で多忙で自意識過剰だった若い娘、つまり私にもちょっとした感覚が芽生えてきます。自分の中に湧いてくる言葉にげんなりしたり、あるいは自分の編み出す言葉に酔ってみたりしながら、自分って結構いいこと言うんじゃないかとか、自分にはそれなりに特筆すべき独自性があるんじゃないかとか、自分は超生きづらいタイプの人なんじゃないかとか、若いとき特有のオレオレオレ！　という考えが、なんか全部気のせいかも、と思えてきたのです。

自分が特別な程度には一億人のそのへんの人たちも全員特別

言語でしかものを考えることも思いのたけを表現することもできない凡人たちにとって、脳内で暴走するオリジナリティなんていうものは言葉の約束事の掌の上で暴れているに過ぎない、或いは言葉の性質がちょっとした気分を壮大な個性のように錯覚させるだけであって、若い自分が思うほど自分は大して自由な発想など持ち得ない。これはひょっとすると若者にとっては多少の落胆を持って受け止められることかもしれませんが、私はそう悲観することではないように思います。自分の没個性の発見は、他者の特別さの発見とセットになっているからです。なんだか自分は社会にすんなり馴染むタイプじゃないかもとか、私って個性的だからみんなとうまくやれないとか、こんな特別な感覚になるほど繊細な人間は世界で私だけかもとか、リア充なんてみんな爆発すればいいのにとか、若くて自意識過剰で友達付き合いがやや下手な人の脳内に必ず一度はよぎる甘い誘惑は大抵思い過ごしであって、多くがとるに足らない没個性的で平均的な人間なわけですが、そう思うに至る過程は、自分が特別な程度には一億人のそのへんの人たちも全員特別だという当然の敬意を獲得することでもあるのです。そう考えると何か特別な存在じゃなきゃと思って必死に唾液を売ったりセックスしたお金でおしゃれなホテルでアフタヌーンティーしたりしなくても心穏やかに過ごせるというものです。当然、自分が特別な人間であるという思い上がりの終わりは、優しさの獲得の始まりにもなります。

若い女の心なんてそう簡単に整うものじゃないのだから、せめて言葉を整えてみることで、少なくとも誰かを泣かせたり自傷的な遊びで疲れたりする青春はもう少し気楽なものになる気がします。逆に言えば、言葉について自覚的であればあるほど、自分の凡庸さは悲観すべきものではないということに気づき、幻の「自分らしさ」を巧みにかざして、生活の荒野を堂々と歩けるものだとも思うのです。

『私家版　日本語文法』（井上ひさし著／新潮文庫）

一〇〇年越しの女の味付け
『モダンガール論』
斎藤美奈子

「#わきまえない女」のハッシュタグ

「Every generation Blames the one before」と歌ったのはジェネシスのベーシストだったマイク・ラザフォードが結成したMike + The Mechanicsですが、若者が大抵反発心を持って真上の世代を否定したがるのはごく自然なことに思えます。そして大人の方もまた、自分らと違う価値観を作り上げようとする真下の世代を、ワカッテナイ奴らだと戒めたくなるものです。

たとえば女子高生が、過剰なほど着飾って不自然なメイクを施し、大人と社会に中指立てつつ、自分らの既得権益を謳歌しようとしたギャル世代から見ると、そつがなくおしゃれで洗練された今の若い女の子たちは少々つまらない。おばさん臭いのを自覚しつつ、「そんな、いくつになってもできるような格好を一〇代からしちゃって勿体ない」などとぼやきたくなります。

学生運動が最高に盛り上がった季節がすぎ、七〇年代に入ると若者は、上の世代から三無主義なんて呼ばれながらシラケを装い出しましたし、フェミニズムが話題となった後にはネオ保守女子だとか、ポストフェミとか言われる女性たちが登場しました。ブラジル／アルゼンチンやドイツ／フランスなど隣国は基本的に仲が悪いというのは定説ですが、世代も隣同士となるとやはりいがみ合うのが一般的です。

二〇二一年が明けてしばらくすると、ＳＮＳで「#わきまえない女」というハッシュタグが散見されるようになりました。直接的にはもちろん、五輪組織委の会長だった森喜朗の「女性がたくさん入っている会議は時間がかかる」などという一連の発言に対する抗議として拡散されました。森氏はＪＯＣが全理事の四〇パーセントを女性にすることを目標にしていることにやや不満があったのか、上記のような発言をした上で、「私どもの組織委員会に女性は七人くらいか。七人くらいおりますが、みなさん、わきまえておられて」と言いました。この「わきまえて」いる女性ならいても構わないと言う趣旨の発言に対して、ハッシュタグによる抗議活動が始まったようです。

「オヤジなんて手玉にとってなんぼ」だった世代

二〇一七年に、森友学園問題をめぐる証人喚問で使われた「忖度」という言葉が取り沙汰され、新語・流行語大賞まで受賞しました。その時も、別の言語への翻訳が難しいとか、日本の政治の病理を言い表しているとか言われましたが、「わきまえる（弁える）」もまた英訳がバラつく曖昧な表現ではありません。ただ、新明解国語辞典を引くと「（自分の置かれた立場から言って）すべき事とすべきでない事とのけじめを心得る」とあり、これだとずいぶん分かりやすい。森発言を邪推すれば、国際的な見栄えとして、あるいは職場の花としてそこに呼ばれているという自分の立場を把握し、本質に迫るような議論をしたり、自分の意見を述べたりする必要がないと心得ている女性が「わきまえる女」ということになるのでしょう。ついでにお酒でも酌んでくれて、褒めたり崇めたりして男を盛り上げてくれればなお結構。

自分に既得権益があるのなら、そこに波風を立てない「わきまえる女」が好きなのは当たり前です。森発言自体には、日頃から男女不均衡への抗議活動をしている人以外の、ごく一般的な人や男性論者らの非難も集まりましたが、その後に盛り上がった「#わきまえない女」

たちの発言には、一部から「森発言は国際的に恥ずかしいから批判していいけど、そこまで元気づいてくれては困る」と言わんばかりのさりげないバッシングがありました。わきまえない女が増えては困る人たちはたくさんいるでしょうから、それほど意外性はありません。

忖度にしろ弁えるにしろ、権力者の気持ちを慮《おもんぱか》って、下々の者が勝手にする気遣いです。森氏のような圧倒的な権力者が使えば、要は「俺の気に入らないことをするな」という危険な恫喝《どうかつ》のニュアンスを帯びますから、民衆が抗議するのは真っ当な判断だと思います。個人的には、この古い価値観を一蹴《しゅう》せよというような「#わきまえない女」というハッシュタグを見たときに、森氏や権力者らに向けられているだけでなく、今の若者たちの真上にあった流れへのアンチテーゼとしても機能しているようにも感じました。女性運動なんてもう古いと反発して、援助交際ギャルとして自ら性差不均衡を強化する方に突き進み、『JJ』や『CanCam』といった雑誌でモテの極意を学び、オヤジなんて手玉にとってなんぼだと楽観していたのは、まさに私自身の世代ですから、耳が痛いような気もしました。

ブチギレとバッシングの繰り返し

というのは、この「#わきまえない女」たちのブチギレにも、それを叩こうとする論調にも激しく見覚えがあるからです。たとえば平塚らいてうの『青鞜』が掲げた「新しい女」。あるいはそれと非常に似た主張を持っていた七〇年代始めのウーマンリブ。時代背景は違えどそれらの主張は、たとえば今の森発言に対する抗議としても成立するほど真っ当さを失っていない面は大いにあります。らいてうの宣言「新しい女は最早しいたげられる旧い女の歩んだ道を黙々として、はた唯々として歩むに堪えない」なんてほとんど「わきまえない女」の先取りです。そして、それらはその時々で、自分の方が真っ当だと信じる主に男性の論客たちから激しくバッシングされました。その構図も、「# MeToo」から「#わきまえない女」に至る最近の女性たちの戦いとあまり変わりません。ちなみに、今ではその感覚の古さが私たち自身の黒歴史になりつつあるギャルだって、その当時はオジサンたちにもオバサンたちにも相当バッシングされたのですが。

しつこく文句を言っても男たちが変わらないから、似たような抗議が繰り返される、というのは一つの真理ですが、それぞれの運動が途切れることなく継続して熱を帯びていたかというとそうでもないわけです。戦争があったり、あるいはファッション誌的なブームがあったりして、ひと時代前の運動の熱は敵対勢力だけではなく、ほかでもない私たち自身によって、常に冷まされてきました。そして新たな運動が起きる時には、どうして前の熱が冷めたのかなどということは基本的に忘れ去られています。

良妻賢母思想が女学校の進学率を上げた？

こういったことを、変わらない男たちとか、改善しない社会というよりも、女たちのパワーと流行などに寄り添いながら、二〇世紀の一〇〇年かけて女たちがどうやって今の女たちになってきたのかを読み解いたのが、斎藤美奈子『モダンガール論』です。まさに二〇世紀が終わる二〇〇〇年の終わりに刊行された本作は、「女の子には出世の道が二つある！　社長になるか社長夫人になるか、キャリアウーマンか専業主婦か――」という謳い文句が付けられていました。著者はあとがきで、「専業主婦と働く女性という二つの生き方は、どこでどう分岐したのだろう」と執筆の動機を解説しています。その問いを柱に、「女工」「女中」の時代から、先ほど触れた『青鞜』、高度経済成長期のＯＬやアグネス論争まで、女性たちが持っていた空気を一〇〇年分網羅して、軽快に紹介していきます。

著者ならではの資料と視点から、一般的な歴史認識を裏切る箇所も多くあります。今日的な発想で良妻賢母思想というといかにも古き悪しき女性軽視の教育だと感じますが、著者は「じゃあなんで、これをさかいに女学校の進学率がめきめき上昇したわけ？」と問い、嫁にいくのに学問なんか必要ないと考えられていた時代、「良妻賢母思想は娘たちとその親に、進学の大義名分を与えたのだ」と見立てます。戦争を礼讃するなんていうのは今となっては保守反動の印象しかないが、著者は当時の女性誌などにある論調から「保守的で頑迷な昔風の女性ではなく、前向きで活発で近代的なセンスをもった女性ほど、戦争にはハマりやすいのですよ」という。そして戦争が主婦たちに「社会参加」や「自己実現」の機会を用意し、「男は戦争／女は労働」の戦時政策が女性の社会進出と婦人解放の幻想をつくり出した様子を描いてみせます。

核心は、性差と階級差のせめぎ合い

すでに二〇年以上前に書かれた本だ、と思う女性は多いのかもしれません。著者自身、二〇〇三年の文庫化の際にすでに「いま、日本をおおっているのは『退屈さ』というより、もっとはっきりした『不安』です」と、刊行時とのタイムラグによる空気の変化に言及していますが、そこからさらに長い時間をかけて、世の中の流行や女性たちの戦いの内容は随分変化してきました。

それでも、むしろ今の若者こそ改めて本作を読み返してほしいと思うのは、ひとつには、今盛り上がっている女性たちの気分を歴史的に位置付けてみるのにこんなに分かりやすく便利な本がなかなかないからです。たとえば今自分が酷い女性差別を問題視して抗議をしようとしていて、ＳＮＳで男性や時には女性からのバッシングに悩んでいるとしたら、さらっと描かれる「青鞜」や「ウーマンリブ」叩きの典型例を見れば、どれもこれも同じ手口だと呆れると同時にシラケすらするかもしれません。「過激な行動をあげつらって非難する」も、「じつはカワイコちゃんだと嘲笑する」も、バッシングとして使い古されたパロディに見えます。自省的な点では、たとえば一九七二年の主婦論争の時に女性たちが、すでに「それが『出世の道』だったことも『貧乏人のリベンジ』だったことも忘れて」いたことを改めて発見すると、では今自分らが感じている不満はかつての女性たちにとってどんなものだったのだろうという一息ついた視点を持つことにつながります。ＳＮＳでキャッチーな言葉が飛び交う昨今、そういった視点を持つことは殊更有意義に思うのです。

もう一つ、本作が今の女性たちを救うと思う理由は、この本が男女差と階級差のせめぎ合いという今日的な課題の核心にも触れているからです。女性の不満が棚上げになったり、運動がいまいち広がらずに頓挫したりするとき、そこには往々にして階級差や貧困の問題がつきものです。それだけでなく、女性の不満が性差によるものだけでなく、階級差によるものであったということも多くあります。今、SNSの普及や時代の流れも手伝って、女性たちの不満が噴出していますが、同時に長期にわたる低い成長率とコロナ禍の経済危機までついて階級差も人々の首を締めています。今自分が感じている不満のどれだけが性差別の問題でどれだけが階級差の問題なのか、と問うことをやめてしまうと、有意味な方向に解決の手段を探しにいけないかもしれない。だからこそ、その双方がどのようにせめぎ合って今の女というものができてきたのか、という視点で本作に触れることは非常にタイムリーな話題とリンクすると思うのです。

『モダンガール論』（斎藤美奈子著／文春文庫）

それでもピンヒールは正義

『ちぐはぐな身体《からだ》　ファッションって何？』

鷲田清一

ルーズソックスの記憶

通っていた小中高一貫の私立の女子校をやめて別の高校を受験しようと決めたのは中学三年生の夏休み明けでした。受験なんかに青春を奪われるのは勿体ないという教育方針でわざわざ一貫校に入れてくれていた親は渋い顔をしていましたが、思い立ってからというもの私自身に特に迷いはなく、早くこの学校を抜け出して高校生活を始めたい一心で久しぶりに教科書など引っ張り出していました。

小学校の時からの友達もたくさんいたし、好きな先生もいたのに、なんであんなに思い切りよくやめたのか、今から思うと不思議なのですが、理由は単純で、私の通っていた女子校というのは小学校は校則が厳しく、中高になると少なくとも服装に関しての規則が緩くなるという点が気に入っていたのに、私が入学すると同時に自由な校風を好んだ校長が定年前に職を辞してしまい、加えて私が中学二年生に上がると同時に教頭も交代して、こと服装に関していかにもミッション系女子校という感じの厳しい規則ができてしまったのです。まずゴム抜きルーズソックスが禁止になり、次第に普通のスーパールーズソックスも禁止になり、次第に控えめなルーズソックスでも先生（当時は先公と呼んでいましたが）に怒られるようになりました。

私たちは仕方なく、毎朝登校と同時に当時ピタックスと呼ばれていた白くて短いピタッと足にフィットするダサい靴下に履き替え、ルーズソックスを下駄箱に忍ばせておいて、放課後再び履き替えるというルーティーンをこなすようになるのですが、生徒の多くがそういうことをしていることに気づいた先生が校舎の前で登校時の生徒をチェックするようになり、今度はバスの中で履き替えるのが主流になります。そうすると今度は先生が放課後、当番制で最寄駅を巡回し、ルーズソックスや寄り道まで取り締まるようになり、キリのないいたちごっこに疲れて、よほど重要な予定がない時にはルーズソックスを履かなくなる生徒も増えました。頭髪の脱色やパーマについてもどんどん規則ができ、高等部の先輩を見ても化粧をして登校する生徒は日に日に少なくなっていました。

身体イメージを補うものとしてのファッション

今思えば、別に校内で気張った化粧やルーズソックスを履かなくても、放課後に先生の目を盗んでおめかしをして遊びに行けばいいし、もっと言えば休日や夏休みにいくらでもおしゃれのしようがあるように思えます。別に大人になれば誰に止められることなく頭髪なんて茶色でもピンクでも好きなように染められるわけで、たとえば私は今会社にすら所属していませんから髪の色が虹色だろうが真っ白だろうが特に支障はありませんが、結局地毛の黒色が落ち着くのでここのところ全く染めてすらいません。現に中学生の私に向かって、周囲の大人は、「化粧なんてしないほうが若いうちは可愛いよ」とか「大人になったらいくらでも自由にできるんだから」と口々に言っていたし、正直、今中学生に相談されたらつい私もそう言ってしまいたくなるかもしれません。

ただ、その頃の私にとって、茶髪にできないことや、ルーズソックスを履けないことは、仕方ないから代案で我慢するかと思えるような生やさしい制限ではありませんでした。中学に上がってルーズソックスにミニスカで地元の駅を歩いた時の万能感は、見慣れた景色を眩いものにするほどだったのに、規則のせいでルーズソックスを履かずに駅前に出てみると、自分があまりに無防備で、無力で、不恰好で、無様で、無価値に思えてきます。その感覚は、たとえば今、口紅をつけ忘れてパーティーに行ったり、香水をつけ忘れてデートに行ったり、ピアスを付けずに大人数の前で喋ったりするときにそこはかとなく感じる不安な気持ちに似ていますが、もっとずっとファンダメンタルで強くて重くて苦しいものでした。

自分に絶対的な自信があれば、そんなことは感じないのかもしれないとも思います。確かに中学の時、同じくコギャルとして振る舞いたくてたまらないタイプの友人と、クラス一の美女でスタイル抜群の清楚な女の子について、「あれくらい可愛かったらピタックスで全然いけるわ」と噂した記憶も残っています。大女優さんやスーパーモデルがプライベートではラフな服を着ているのも不思議ではありません。でも、何も強いコンプレックスを感じているわけでなくとも、むしろ自分もそれなりにイケてるとギリギリ信じられるとしても、ルーズソックスを履いていない時の所在のなさというのは大人の今では正確に再現できないほど深刻なものでした。それくらい、未完成な身体を持つ思春期の女の子にとって、自分の身体イメージを補うファッションというのは、自分の形成に役立つものなのだと振り返りながら今、思います。

服を選ぶことにどんな意味があるのか

私が親に買い与えられる服とは別の衣服を身に纏いたいと考えるようになったのはおそらく英国に住んでいた小学校高学年の頃で、最初は当時子供の間で流行していたガールズ・デュオのShampooや、英国の小学生に人気だったドラマに登場する女の子たちの服装に影響され、世間が日本人のお嬢さんに期待するのとは違う、もっと不良っぽくて親の言うことを聞かなそうで、脚やおへそを露出する服を着出した頃でした。小学校六年生になって地元の鎌倉に戻ってからは、より一層、求められるイメージを外すような服を選ぶようになりました。ちょうどその頃に筑摩書房のシリーズ・プリマーブックスとして出版されたのが、鷲田清一の『ちぐはぐな身体』です。

自分にとってあまりに身近な自分の身体が、実際は「ぼくらにとって想像以上に遠く隔たったもの」で、自分が知覚できる自分の身体が常に部分的でしかない以上、「ぼくの身体とはぼくが想像するもの、つまり〈像《イメージ》〉でしかありえない」という前提からスタートするこの本を、私自身が手に取ったのはちょうどルーズソックスの取り締まりに揺れる中学生だった頃でした。哲学者である著者が高校生のカップルに語りかけるところを想像しながら紡いだ、としているだけに、誰にとってもとても分かりやすく、人にとって服を着るとは、ファッションとは、そしてそれを纏う身体とは何かが解説されます。今回、文庫版を改めて購入して驚いたのですが、二〇〇五年に発売された文庫版が二〇二一年四月には二一刷として発行されており、改めて多くの人にとって、服を選ぶこと、どんなファッションを身につけるかということが、自分にとってどんな意味があるのかというのは興味の中心なのだと感じます。

確かに、これまで私自身が生きてきて、どんな年齢の時でも、周囲の女の子たちの収入における被服費や化粧品代の占める割合は大層なものだったし、教科書や小説を年に一度も開かない女性であっても、逆にドイツ語の社会学者の本をすらすら読む女学生であっても、ファッション雑誌を読んだことがないという人はほとんど会ったことがありません。若い頃の写真など見返して、恥ずかしいなと思うのは身体や顔の未発達よりも好んできたファッションのせいだったり、その時は気に入っていたメイクやヘアスタイルだったりすることが多く、その割には、自分がどうして若い時にこういうファッションを好んだのか、とか、なぜ最近着たいと思う服がないのか、と考え出すとよく分からないことが多いのです。私も、自分がどうして靴下の制限ひとつで面倒くさい受験勉強へと突き動かされるのか、どうしてピタックスで横浜駅前に立つと不安で倒れそうになるのか、当時はよく分かっていませんでした。

制服はひとの〈存在〉を〈属性〉に還元する

本書の中で私が一番好きな表現は、著者が服の性格をふたつに分類し、「制度と寝る服」と「制度を侵犯する服」と呼ぶところです。自分の社会的な属性を構成する装置としての服がある一方、それを着くずしたり、わざといかがわしい格好やむさくるしい格好をするようなスキャンダラスな服がある。その関係を著者はこう解説します。「たいていの服というのは個人のイメージについての社会的な規範（行動様式、性別、性格、モラルなど）を縫いつけている。その着心地がわるくて、ぼくらはそれを勝手に着くずしてゆく。どこまでやれば他人が注目してくれるか、どこまでやれば社会の側からの厳しい抵抗にあうか、などといったことをからだで確認していくのだ」。

中学生の私にとって、友人たちとの関係より重要だったルーズソックスがそうであったように、高校に入っても大学や会社に入っても、ファッションによる小さなレジスタンスというのは終わることはありませんでした。自由な校風の都心の高校に入ると、ルーズソックスや茶髪ではその場所の規範の着くずしにはならなくなってしまい、今の私が見ると完成されていてとても可愛いはずの指定の制服をわざわざ壊し、ラルフローレンのセーターや別の男子校の学生カバンを身につけるようになりました。そんなに着くずすなら、最初から私服の学校に行けばいいのかというと必ずしもそうではなく、制服のない都立高の生徒は私たちの学校の制服をわざわざ頼んできたりもするし、私たち自身も学校の外で遊ぶ放課後に私服に着替えるのはお酒を飲んだりクラブに行ったりするときだけで、着くずした制服を堂々と身につけて闊歩するのが重要だったりもしました。著者が指摘するように、自分が何者か分かっていない私たちにとって、制服は自分らの「等身大」を示唆し、身体のイメージを補助する重要なものでありながら、その「等身大」が気に食わなくて、あえて抵抗を目に見える形でさらけ出す過程が重要だったのかもしれません。

「制服はひとの〈存在〉を〈属性〉に還元する」という言葉通り、自分の属性に与えられた服は時には心地よく自分を定義してくれるし、良い具合に自分をその後ろに隠してくれるし、自分の属性こそ自分の自尊心の拠り所なんていうときは最大限にそれを強固なものにまで押し上げてくれます。CAになった友人がかつてその制服に並々ならぬ愛着とプライドを持っていたように、あるいは女子高生が着くずしながらも制服を手放さないように、強烈なレッテルはひとまず自分に輪郭を与えてくれるからです。そんな態度はいかにも短絡的で依存的、自信のなさの表れであると同時に自分を矮小化する狭いものでもあるように感じられるかもしれませんが、その中に高揚や刺激があるのも事実だし、私はあえてレッテル貼りを恐れないような時間、或いはそれに頼ってなんとか立っていられるような不甲斐ない時間が、誰にでも必ずあるとも感じます。

「自分のための」おしゃれ／「他人」の眼差し

一時期私が勤めていた横浜の大手のキャバクラでは、売り上げが上から三位までに入らない限り黒のドレスを着てはいけないという規則がありました。色々と気になるところを隠してくれて、身体を引き締めてくれる黒いドレスは人気で、放っておくと店内は黒い服を着たホステスで溢れかえってしまい、その場に必要な華やかさが演出できないため、ナンバースリーまでのホステスへのご褒美として店側が用意した特典だったと考えられます。売り上げが好調で初めて黒いドレスを着る権利を得たとき、私はどんなにダイエット不足のだらしない身体でも、ムダ毛の処理が甘くても、化粧のりやヘアメイクがイマイチでも、自信を持って店内を歩き回っていました。それくらい、レッテルとしての服は時に強力な味方となって人生を後押ししてくれるものです。

と、同時に「制度と寝る服」は私たちを一つのイメージの中に固定し、「等身大」を押し付け、自分の考える自分のイメージと絶えずずれて窮屈な思いをさせてくるものでもあります。女性らしさや男性らしさの解体が盛んな近年では、かつて女性の就業服と呼ばれたものを廃止するなど、レッテルとしての服装から抜け出そうという動きはよく見られます。と同時に、男性から見られる客体としての女という存在に抵抗するあまり、ステレオタイプに思えるようなアイテムを手放すだけでなく、過剰にめかすこと自体がどこかダサいような、さりげない服や自然体と呼ばれる状態が好まれることも増えました。女性のおめかしが長く男性にアピールするものだとされてきた歴史があるぶん、「自分のためのおしゃれ」というキーワードは近年のファッション誌では重要なキーワードとなっており、自分の属性を示したり、男のフェティッシュに訴えたり、セックスアピールに繋がったりする服装は嫌われがちです。これはとても健全な、自分を束縛するものへの抵抗であると同時に、抵抗そのものが規定となって、逆に自由度を奪うこともあると私には思えます。

どんなファッションを選ぶか、それによってどんな満足を求めるかが自由である以上、おしゃれが最終的には自分のためであることは間違いありません。同時に、著者が前提として開示するように、「じぶんが他人の眼にどんなふうに映っているか？　――そういうことを意識しだしたとき、つまり他人の視線にまで想像力がおよびだしたとき、ぼくらははじめて服を選んで着る」のも事実です。むしろだからこそ、ファッションは抵抗であり、表現であり得るわけで、他人の眼を意識するというのは必ずしもその好みに迎合するというだけではなく、それを裏切ったり、意表を突いたり、無視したりする対象にもなり得るのでしょう。著者はファッションの原則を「いつもじぶんの表面に最大限の張力を保っておくこと」だと説きますが、私はこれを、レッテルの利用と離脱の絶え間ない反復の中で、永遠に取れないバランスを模索し続けることだというように読みました。

ファッションが運んでくれたもの

本の中ではコム　デ　ギャルソンのコレクションにある極端に長い袖のジャケットや、著者自身が着たヨウジヤマモトのやはり袖の長いスーツが、「未来に備えていま何か準備をしておくという態度と相容れない服」＝「用意をしない服」として紹介されるなど、前衛派と呼ばれた名だたるデザイナーたちが何に挑戦しようとしていたのかについて具体的な考察をされている箇所もあり、またタトゥーやダイエット症候群、清潔症候群などの起こりとファッションの関係について分析もされています。ファッションが常に変化し、流行も変われば、自分の人生の地点によって自分自身のファッション態度も変わっていくのは、それくらい私たちの身体や精神が固定され得ないイメージだということです。昨日着心地が良かった服が今日は退屈に思えたりする、それは何も単なる飽きっぽさや贅沢趣味なのではなく、摑み所のない自分という存在を様々な角度から眼差《まなざ》す運動なのかもしれません。時にそれは病理のようになって、ダイエットや過度な朝シャンだけでなく、買い物依存やカード破産に追い込まれる人もいるし、私自身もヒール病とも言える腰痛とは長い付き合いです。

それでもファッションが運んでくる、それなしではつまらない上によく分からない自分自身との付き合いや葛藤は社会や日常に退屈せずにそれを生きて歩くにふさわしい楽しいものにしてくれたと思うのです。ヒール込みの身長やスカルプネイル込みの指の長さがいつしか自分自身のサイズになってくれると信じたあの頃も、オーバーサイズのだらしない服であえて出勤して黒いドレスに着替えるキャバクラの更衣室も、清楚な格好にド派手な下着で紛れ込んだパーティーも、不安定で退屈な存在である私を、何かその場の楽しさを模索する存在に引き上げてくれるものでした。

「ファッションにはそういう意味で、初めから不良性が、いかがわしさがつきまとう。もともと等身大のファッションなんてありえないのであって、つねに背伸びするか、萎縮するか、つまりサイズがずれてしまうのが人間だ」

『ちぐはぐな身体　ファッションって何？』（鷲田清一著／ちくま文庫）

第6章

荒唐無稽な夜を生き抜く

悲しくて死んだんじゃないのよ
何があって
何があって
山車引きながら太陽
くさらせなきゃいけないのよ

天沢退二郎「鬼語」より

無敵だったココロと冷めた見解

『桃尻娘』
橋本 治

私が女子高生だった頃

ルーズソックスとスカートの間に伸びる生脚で、北風をきって渋谷の街をずんずん進む女子高生だった頃、私には嫌なことがたくさんありました。学校には自分が教鞭をとる授業だけは生徒に茶髪のまま出席させない、と頑固に決めたお爺さん先生がいて、その先生の授業がある日は髪を黒く見せるためのスプレーを持っていかなきゃいけなかったし、黒スプレーというのは単に髪が黒くなるだけではなくて、セットスプレーをふりかけすぎた時のように髪がベタベタのギシギシに固まるので、その日の放課後はダサいだけではなくて非常に不快な頭髪で過ごさなくてはいけないのがすっごく嫌でした。どうしても大事な予定がある時は、学校のトイレの水道で髪をシャンプーするしかなかったけど、それはそれで時間がかかるし、寒いし、ドライヤーやヘアアイロンでロッカーはいっぱいになるし、要するに面倒くさいわけです。

うちの実家は都内の高校に通うには限界すれすれの場所にあって、しかもJRの駅から家までが歩けば三〇分もかかる距離だった上に、終電より二時間も前にバスがなくなってしまうので、羽目を外して遊ぶとタクシー代がかかるのも嫌でした。門限をつくるような真似はできないくせに、帰りが遅くなると妙な顔で質問ばかりしてくる親も嫌だったし、鎌倉の真っ暗で寒い夜も嫌だったたし、一度家に帰ってしまうと友人から呼び出しがあってもちょっとやそっとじゃ外出できないような僻地に居を構える我が家のありようも、近くにコンビニがないことも、キャリアによっては携帯電話の電波が脆弱で、ラジオはFMヨコハマしか入らないことも気に入らない。要するに田舎へのフラストレーションが溜まっていました。

校則が緩いはずの学校で何故か週に一回あるチャペルでの朝礼では指定のリボンやブレザーを着なきゃいけないことも、文系なのに物理の授業に出なきゃいけないことも、酷い時は生理用パンツの中にまで手を入れてくる痴漢も、おしゃべりの声がうるさいと怒ってくる老人も、電車内で携帯通話しちゃいけないっていうルールも、そもそも東京の物価や交通費が高いのも、制服だと売ってくれないタバコ屋や入れてくれないラブホテルも、全部鬱陶《うっとう》しいと思っていました。そして何より、そういったことを鬱陶しいと思いながらも、その世界に依存して生きなきゃいけない自分のショボさにもイラついていたし、そんな私たちの鬱憤《うっぷん》を勝手な言葉で解説しようとする大人の言葉を何より毛嫌っていました。

「若い女」につけられた不相応な値段

九〇年代後半というのは兎角大人が女子高生について本を書いたり、ワイドショーで説教をしたり、逆に新聞の紙面上で擁護したりしたがっていた時代で、私たちは私たちの言葉ではない言葉で知らぬ間に理論武装されて、時代の代弁者のような格好をさせられて、なんだか居心地が悪いなぁと思っていたものです。別に私は自分の行動を、いちいち何かの主張に使っているつもりはないのに、評論家や社会学者の手にかかると私たちは大層な意味を背負って渋谷に座っているようになってしまって、説教されるのはそれはそれで鬱陶しいけど、庇《かば》われて心の内を解説されるのも、同じくらいに鬱陶しいと感じていました。だって私は別に自分が生まれた時代の自分が生まれた世界しか知らないのに、おじさんたちに大局的にギャルたちの革命とか言われても困ります。

ただ、だからといって自分らがまだ言葉を持たない、取るに足らない存在であることは私たち自身がよく分かっていたし、おじさんの解説に唾を吐く割には、おじさんたちが女子高生向けに用意したファッションビルで買い物して、おじさんのプロデュースした曲で踊り、おじさんの授業を受けて、ついでにおじさんたちから小銭を巻き上げて遊んでいたわけで、私たちだって大概滑稽な存在です。全てを見下して、私たちのことは私たちにしか分からないでしょ、なんて態度をとってみるわりに、それがある種の虚勢でしかないことに気づかないでいられるほどイノセントな時代でもなく、自分らのアドレッセンスのようなものが期間限定で去っていくことも自覚せずにはいられませんでした。つまらない大人にはなりたくない、というような青臭いコピーはすでに時代遅れな気がして、つまらない大人になることは分かってるんだけど、という照れ隠しの留保をつけて若さを生きていました。若さとはいつの時代も、そういうものなのかもしれません。

一七歳の時も一九歳の時も三〇歳の時も、私は一人のワタシという人間であって、それは連続運動としてずっと地続きにある、というのも一つの考え方ですが、私にはどうも、若い女の時間というのは人生というものからもう少し自立して切り離された、特殊なものであるようにも思えます。それはもちろん、自分の中から分泌される特殊な成分の話ではなくて、多くが外からつけられる意味に関係しています。ギャルに時代の答えを見ようとした評論家たちの話も、私たちの若さに意味をつけてくる大人の一形態ではあるけど、もっと日常に根ざした形でも私たちは意味に溢れていました。価値に溢れていたと言ってもいいでしょう。私たちの肉体に、どう考えても不相応な値段がつけられていたのは言うまでもなく、ほかにも、若いっていいなぁとおばさんたちに声をかけられ、若さを無駄にするなと親に窘《たしな》められ、そしてやはり制服を着ているというだけで私たちは学ぶを生きると書く学生という以上の、何かとても不健全な価値を持っていました。自分らの存在につけられた価値が馬鹿げていると信じながら、その価値に頼って自分の居場所を確保せざるを得ない、女で若いって、本当にそういうところがあるものです。

若さを生きる――その滑稽さと不安

その、あらゆるものをキモいとかウザいとか言って蹴《け》っ飛ばす気概と、反面なんだか白けた気分とを持て余していた頃、私がほとんど唯一、私たちについて書いてある、と思って愛読していたのが橋本治『桃尻娘』でした。そこにある言葉は、作家の属性を調べれば明白ですが、私たちの中から発せられたわけでは全くありません。橋本治はギャルじゃないし、時代も立場も違いますが、この居心地が最高にいいようでいてどこか他人事に思えるような、若い女という事態が、本来的にどういうものなのかということをこれほど雄弁に語る言葉を他に私は知りませんでした。

「大きな声じゃ言えないけど、あたし、この頃お酒っておいしいなって思うの。黙っててよ、一応ヤバイんだから。」という、有名な文で始まるこの本の主人公は榊原玲奈という女子高生です。自分が自殺した場合の新聞記事を妄想して、「あたしが何故死んだかっていうと、『思春期の』『多感な』『傷付きやすい』そんでもって一つ『不可解』付きの『少女』の『感受性』だわ。キャーッ！『感受性』だって、ウッウッウッ……泣けるったらないわア、あたしの『感受性』もお安く見られたもんよねえ、アーア。」と言ってみるくらいは、自分という若い女に付随する意味に自覚的です。「あんな駅前の喫茶店にたむろって煙草ふかして、『ジョシコオコオセイ』って書いてあるチョンバッグ抱えて、中から『売春』を取り出して見せるなんて、そんなオリジナリティのない事、あたし堪えらんない。」「あたし達はこんな見えすいたことやっちゃいけないと思うの。事件なんか何も起んないのよ。そりゃ第三者には事件が起った方が受験体制のひずみで楽しいでしょうよ。」と、若い女につけられた凡庸な価値にもそれなりに中ゆびを立てて見せます。そして時々、「あたしはまだ高校生なのよ、不貞腐れてる自由も権利だってあるのよ。」と甘んじているふりをして面倒を棚上げにします。

この、達観しても嫌味にならないフレッシュネスや、傍若無人が様になる無敵な気分と、どうせ私には世界を変える力なんて別にないという絶望の、絶え間ない反復こそが若さを生きるということです。だって女子高生なんて、携帯電話の契約一つ一人じゃできない無力な存在で、そんな存在が世の中全ての頂点に立って大いなる価値を持っているなんて、考えてみればおかしいわけで、問題は今時の若い女は、その圧倒的な矛盾に気づく程度には賢くなってしまっていること。私たち最高っ！　と戯《ふざ》けてみるのは楽しいけれど、背後から自分の知性が、そうじゃないって分かってるくせに、とツッコミを入れます。この反復は、思い返せば眩《まばゆ》く、外から見ればあどけなく、しかしやはり中から見ると滑稽で、滑稽なぶん身の置き所のない不安と隣り合わせです。

全部ナッシングだと言ってしまえる文章が必要だった

分厚い化粧で武装しなければならなかった私の若い頃より、もしかしたら今の若い女の子は、不安を口にできる強さを身につけたのかもしれません。そう思うことは節々にあります。それでも、拙《つたな》い言葉と幼稚なセンスでする表現には限界があって、だからこそ、女子高生には自分らの中から発せられるわけではない言葉も必要だと思ってしまうのです。『桃尻娘』の主人公が、生理が始まる前を回顧してこんな風に言う場面が好きです。「あたしだってそうなるんだって分ってたけど、でも分ってたからこそ許せなかったの、あたしも同じだっていつも鼻先で見せつけられてる気がして、あたし達はいつもそんな子を仲間外れにして遊んでたわ。」

黒スプレーをべったり振りかけたガビガビの髪を思い出すまでもなく、若いときってどんな人でも自分にべったりくっつけられた価値を居心地悪いと思って、早くオトナになりたいなんて思うものです。青春という言葉自体が、ちょっと世の中への抵抗や反抗を孕《はら》んでいるわけで、本当は自分たち、身体の調子もよく、結構まだ世界が新鮮で、思いっきり楽しいのに、若さは楽しいっていう押し付けられた価値に反抗もしなきゃいけなくて、変にニヒルに笑ったり、大人たちに向かってワカッテないなぁという態度を示す羽目になる。それを具体的に示すために、女子高生の売春とか非・売春とか、性の乱れとか、無気力な若者とか、暴走行為とか、派手な下着とかがあるのだけど、そんな青春ワード全てがやがて去りゆくものであることも、重々承知しているわけです。どんなに楽しくても、まぁこんなこと言えるのは今だけですけどね、という冷めた気分が拭《ぬぐ》いきれない。これもまたなんだか幸福にケチをつけるようでつまらないことです。

オトナはみんな、若さというものをなんとかサバイブした過去があります。乗り越え方はそれぞれで、過度に冷笑的に過ごした者も、器用に馬鹿なふりをしていた者も、とことん馬鹿になりきってみた者もいるけど、いずれにせよ自分の後にくる若者が何をしても、若いってすばらしい、或いは若いって怖い、或いは若いってバカだ、と小馬鹿にしてきます。でも、若者は好きで若者であるわけではないし、若い女は好きで若いわけでも女であるわけでもないのです。私は、若いというだけで女だというだけで、過剰に崇め奉られることも過剰に軽んじられることも両方嫌で、だからこそ、自分らの無意味を証明したかったような気がします。

榊原玲奈は言います。「高等学校三年生だっていう正体のバレてる日本娘が十七だったからって、別に自慢にも何にもなりゃしないのよネ、決ってるわ」。私が若さを生き抜くためには、全部にくどくど語れるほどの自意識と、それを全部ナッシングだと言ってしまえる文章が必要でした。

『桃尻娘』（橋本治著／ポプラ文庫）

若さも九〇年代も空っぽだったと皆言うけれど

『モモ』
ミヒャエル・エンデ／大島かおり訳

経験とは一体何だろう

経験豊富と言われる時の経験とは一体何だろうと時々思います。山口百恵「ひと夏の経験」が「愛する人に捧げるため守ってきた」「女の子の一番大切なもの」と歌うように、あるいは経験人数と言われた時に誰もが瞬時にその意味するところが分かるように、性的な経験を単に「経験」と呼ぶ習慣があります。若い子が集まる学校で非処女や非童貞のことを経験済みなどと呼ぶ時、経験豊富は性的な経験が豊富な人、要はセックスをたくさんしてきた人を表すだろうし、さらに言えば一人の相手と濃厚で長いセックスを積み重ねたタイプよりも、不特定多数の人とのセックスを繰り返してきた人の方をどうやら経験豊富と呼ぶ傾向がある気がします。そのような使い方をするからか、経験というとてもフィジカルでどこか軽薄な印象があり、またそのニュアンスを含むとなると、自分に経験がないという響きも単なる謙遜ではなく、ちょっとした奥ゆかしさや可愛らしさの演出のようにも聞こえます。

果たして、性的なニュアンスがどれだけ含まれるかは知りませんが、私は初めて出会う人に、そのような謙遜をされた上で「経験豊富」の部類に入れられることがよくあります。職歴に性的なニュアンスを含むものがあるから余計に多いのかもしれませんが、本の読者からもらう手紙にも「私には鈴木さんのような経験がない」とか「普通の大学時代を過ごして大した経験もなくきてしまった」とかいう文言をよく見かけます。それはもちろん彼ら彼女らが敬意とお世辞を込めて言ってくれているのだろうとは思うのだけど、「経験豊富」とされる本人的にはなんとなく微妙で、特に同年代の人にそのように言われた時には、いえいえあなたと同じできっちり三八年分の経験だけあります、と答えるようにしています。私には経験とは時間でしかないという感覚が、それこそ経験的な直感としてあるからです。

国会図書館に通ってじっくり調べものをしているとか、一人の愛する人ととてつもなく長い対話やセックスをするとか、博論のための理論的な葛藤を続けるとか、そういったことをあまり人は「経験豊富」のような言葉で表現しません。クラブをめぐって多国籍の人と挨拶やセックスをしまくるとか、何人もの有名人と不倫するとか、カンボジアとインドとモロッコに自分探しに行くとかいうことは結構安易に「経験豊富」である所以とされます。私は学生時代の多くの時間を、授業での発表資料の準備やサークルの先輩との恋愛よりも、六本木のクラブや歌舞伎町の路上やものすごく怪しい福富町の雑居ビルの中でできる一連の瑣末なことをして過ごしていました。またある時期は図書館にこもって先行研究の検索などをしていました。私が経験豊富と呼ばれるとき、人は別に普通の学生らしい調べものや読書を根拠とするのではなく、前者のゴミゴミした青春を指している気がします。

空っぽを許容できるコップを持っていた

でも私が怪しいビルの中で合法薬物に詳しいくだらない男とつるんでいた時間を、資料の読み込みと分析に割いていた同じゼミの同級生と比べて、私の方が「豊富」であるものなんて何もなかったと思うのです。あるいは自分が修論の脚注を作っていた二ヵ月と、ＳＭビデオの撮影で宙吊りにされて水をぶっかけられたり、その後に生乾きの髪のまま既婚者の何かの選手と待ち合わせしたりしていた二ヵ月を比べて、後者の方に豊富にあるものなんて別にありませんでした。経験豊富なあなたの知見から、なんて言葉を使われる時、多くの人は後者を経験と呼んでいるのでしょうが、どちらかといえば前者の方が現在の知見の実にはなっている気もします。だから私は、人が私の経験と呼ぶものなんて実際は清々しいほど空っぽだったなという気分で生きていて、それ故に経験豊富という言葉にある種の浅はかを感じるわけです。

だからと言って私は、与えられた若い時間をゼミの発表だけに費やせばよかったとか、海外のクラブに遠征なんてしないで日比谷図書館の蔵書を片っ端から読んでいればよかったとか思っているわけでもないし、勿論、もっともっと「経験豊富」になるべく、異文化のセックス交流やより細分化されたマニア向けポルノ出演に励めば良かったなんてことも思っていません。空っぽな時間はそれはそれでとても尊いものだし、空っぽな時間をふんだんに散りばめた私の若さは良質な青春でした。別に不特定多数の人とセックスしたってせいぜい世の中には色々な形の性器があると分かるくらいだし、お酒を飲まなければ絶対に行かない怪しいパーティーに行ったって記憶すら無くすので何も残りません。でも、意味のあることをしなきゃと焦っていたら、あんなところへは行けなかったと思うと、私は空っぽを許容できるコップを持っていて幸運だったと感じます。

そういう時間の感覚を、私は『モモ』からとても幼い時に学びました。正確には、幼い時にはそこに描かれる「時間」に対して簡単なイメージが浮かぶ程度だったのを、高校の時に何かの予感とともに読み返して、ある意味では過剰に習得し、若干間違った方向にも発展させたとも言えます。その予感とは、あの本に書いてあったようなことは、これから荒々しい一〇代と二〇代を生き抜く際に、きっと私には心地よく似合っていて尚且つ重要な感覚になりそう、というものでした。「時間をケチケチすることで、ほんとうはぜんぜんべつのなにかをケチケチしているということには、だれひとり気がついていないようでした」というリズムの良い一文が、記憶に残っていたのです。

「灰色の男たち」の囁き

ドイツの作家であるミヒャエル・エンデによって私が生まれるよりさらに一〇年前に描かれた『モモ』の物語は、その後に描かれた『はてしない物語』と並んで彼の代表作であり、現在でも多くの子どもたちや大人たちに読まれ続けている人気作品です。世界的に見ても特に日本では人気が高かったと言われており、小学校時代に何度も読んだという人がいるかもしれません。大人になってから読むと、子どもの時とはまた別の、切実さと心苦しさを感じる物語でもあります。モモの世界における悪役、人に「時間の倹約」を強要する「灰色の男たち」が、自分らの中にも病巣を作っていることを後ろめたく思うからです。

大都会のはずれにある円形劇場の跡地に、いつからか住み着いた浮浪児のモモは、社会のシステムから逸脱したワイルドで自由な存在です。近所のひとたちが差し入れてくれる食べもので暮らし、近所のひとがくれた使い古しのベッドや近所のひとが作ってくれたテーブルを使っています。ぶかぶか上着に裸足の彼女には、相手の話を聞くという特別な才能があって、だから彼女の円形劇場には常に誰かが訪ねてきます。モモに話を聞いてもらうことで、自分の人生も悪くないと思えたり、憎い憎いと思っていた誰かを許せたりするからです。そして子どもたちもまた、モモと一緒に遊ぶとちょっとしたごっこ遊びが大冒険になるほど夢中になって楽しむことができます。特に、近所の人たちに相手にされず、街の中に居場所がなかった二人はモモといる時にだけ本来の自分に戻れるように安らぎ、彼らはモモの親友となります。

そうやって、モモがいることで皆が人生は悪くないと思えていた街ですが、「灰色の男たち」の出現によってその様相は一転します。人間ではない存在の彼らは、この都会の人々に

「わたくしは時間貯蓄銀行からきました」と言って忍び寄り、人々が今までいかに膨大な時間を無駄にしてきたかを具体的な数字をあげて力説し、時間の倹約をするように促すのです。たとえば、今まで一人のお客さんと談笑しながら半時間くらいを費やし、年寄りのお母さんのそばに座って毎日おしゃべりをして、足の悪い女性を見舞い、インコの世話をしていた「床屋のフージーさん」には「仕事をさっさとやって、よけいなことはすっかりやめちまうんですよ。ひとりのお客に半時間もかけないで、十五分ですます。むだなおしゃべりはやめる。年よりのお母さんとすごす時間は半分にする。いちばんいいのは、安くていい養老院に入れてしまうことですな。そうすれば一日にまる一時間も節約できる。それに、役立たずのセキセイインコを飼うのなんか、おやめなさい！　ダリア嬢の訪問は、どうしてもというのなら、せめて二週間に一度にすればいい。寝るまえに十五分もその日のことを考えるのもやめる。とりわけ、歌だの本だの、ましていわゆる友だちづきあいだのに、貴重な時間をこんなにつかうのはいけませんね」と促します。そしてその倹約した時間を貯蓄銀行に預けておけば、時間の蓄えができて、今とは全く違った現代的で進歩的な人間になれるというわけです。

それまでフージーさんは自分の仕事も暮らしもそれなりに楽しんでいたし、悪くないと思うことも多かったのですが、時々虫のいどころが悪いとやさぐれて、もっとちゃんとした暮らしがしたいけど「そんなくらしをするには、おれの仕事じゃ時間のゆとりがなさすぎる。ちゃんとしたくらしは、ひまのある人間じゃなきゃできないんだ。自由がないとな。ところがおれときたら、一生のあいだ、はさみとおしゃべりとせっけんのあわにしばられっぱなしだ」なんて思うことがあったわけです。そして「灰色の男たち」はそういう時を見計らって、彼に囁きかけに来たのです。「もしもちゃんとしたくらしをする時間のゆとりがあったら、いまとはぜんぜんちがう人間になっていたでしょうにね。ようするにあなたがひつようとしているのは、時間だ」「あなたはまったく無責任にじぶんの時間をむだづかいしています」という風に。その甘い言葉に、大都会の人々はどんどん誘われ、気づけばほとんどの大人たちが、時間貯蓄の鬼のようになっていきます。

「時間を感じとるために心というものがある」

私たちの生きる世界では「灰色の男たち」の言うことは大変怪しいわけで、倹約した時間を貯蓄しておいて、後でそれを引き出してもっと別の人間になるために有効活用するなんてできる気がしません。倹約しようがしまいが一日は二四時間だし一週間は七日だし、できるのはせいぜい料理する時間を一五分短くして、その分ゆっくり喋りながら食事をする、勉強するはずだった時間を省略してキャバクラの同伴に出かける、という程度です。大都会のはずれにやってきたモモの魅力に心を奪われていた読者にとって、「灰色の男たち」の所業は許しがたく、愉快だった街の人々の変容は悲痛で、すっかり変わった彼らの様子はあまりに惨めで魅力がなく、退屈で悲惨に思えます。なんでこんなトンデモ系の怪しい提案に乗って、楽しかった生活をわざわざつまらないものにしてしまったのかと怒り、その変化を心底悲しみます。

しかし、「灰色の男たち」に取り込まれた大都会の住民たちの変化を読み進めれば、その姿はいずれも、どこかで見聞きしたことのあるものだと誰しもが気づくのです。ゆっくり喋りながらではなく、事務的に効率よく仕事を済ませ、親を施設に放り込み、カフェテリア式のファーストフードで食事を済ませ、テレビやラジオでは、時間のかからない新しい文明の利器の良さを強調し、あらゆる広告が「きみの生活をゆたかにするために——時間を節約しよう！」と呼びかけます。都会は真夜中にも眠らなくなり、職場には「時は金なり」の標語が掲げられ、喧嘩したり落胆したりしながらものんびり回復して日常を送っていた人々は、怒りっぽく、落ち着きのない人に様変わりしてしまいました。当然、モモに話を聞きにくる人もいなくなり、時間がたって「灰色の男たち」が時間節約を説くのが難しい子どもたちの管理までできるようになってしまうと、円形劇場に遊びに来ていた子どもは管理してくれる施設に通うようになっていきます。

私は大人になる直前にこの物語を再び読んでみた時、物語の中で否定的に描かれる効率主義や無駄の排除を拡大解釈して、ちょっと流石に無駄の多すぎる若い時間を過ごしてしまった自覚はあります。大量にあった圧倒的に暇で自由な時間で大量の無駄なお金を稼ぎ、それを一気に使い切ってはまた次の日に稼ぐ、なんていうことは別にしなくてもよかったような気もします。生産性の観点からすれば無意味で無駄に思えることを過度に排除した人間がどんな風に見えるかを諷刺的に描写する物語は、別にマリファナでも吸ってダラダラ意味のないことだけをして死んでいくべきだとか、生産的な行為を放棄しろだとかいう極端な思想を提案しているのではなく、時間についての私たちの感覚を問い直そうとしているわけです。忙しない日常の中で人は、少なくとも私は、時刻についてはしょっちゅう気にしているけれど、時間そのものについて考えることなんてほとんどないので、「時間とは、生きるということ、そのものだからです」「人間にとって人のいのちは心を住みかとしているからですは時間を感じとるために心というものがある。そして、もしその心が時間を感じとらないようなときには、その時間はないもおなじだ」という、この児童文学作家の描いた言葉に考え込んでしまうのです。「灰色の男たち」に唯一対峙できる存在であるモモが、世界を救えるように導いてくれる「マイスター」は、人々にその人だけの時間をくばる、つまり時間の源泉を司る存在ですが、彼がモモに与えるヒントの中には大人になってしまった私がギクッとすることがいくつかあります。「死をおそれないようになれば、生きる時間を人間からぬすむようなことは、だれにもできなくなるはずだ」「でも人間はいっこうに耳をかたむける気にならないらしい。死をこわがらせるような話のほうを信じたがるようだね」。

世界を救う——孤独で、絶望的で、辛い闘い

時間について考えることは人生とその終わり、つまり死について考えることだから、時短や効率という、いかにも死までの時間を引き延ばしてくれそうな言葉は、時に人をくるわせるほど魅力的に響きます。「後悔のないように」「非生産的だ」「充実した時間」「意味のある行動」など、ちょっとスマホを撫でればすぐに見つけられる文句は、いずれも時間について

の恐怖心や焦燥感を煽る効果があります。それは、酔っ払って大して好きじゃない男と大して楽しくもないセックスなんてして気だるく迎えた朝や、あと一万円入れたら出るかもと思って結局パチンコ店の閉店時間まで粘った後の帰り道にはとりわけ、ものすごく身につまされる、麻薬のような言葉になります。

全てが今に繋がったというような綺麗な話にしてしまえればいいけどそういうわけにもいかないし、私は意識の特別低かった者として、全ての無駄が意味のあるものだなんて思ったことはないし、後悔してないことよりも後悔していることの方が多いアドレッセンスだったし、無駄にした時間を取り戻したいと考えたことがないわけじゃないけど、それでもそういう馬鹿みたいな時間も含めた生活だからこそ、死ぬまでは生きていられるのかもしれないとも思うのです。だから、意識が高いという言葉には、ちょっとした敬意と軽い窒息を感じます。意識が高いと巷で言われている事態は、おそらく時間の無駄をなるべく排除した状態のように推測するからです。全否定するわけではないけれど、それを「高い」行為であると考えを固定してしまうと、意味のある行動で全ての時間を埋め尽くせるようにはできていない私たちは、常にそこはかとない自己嫌悪と生きづらさを感じなくてはいけない気がします。

さて、モモはマイスターと時間について話すことで、物語の中では「灰色の男たち」を出し抜いて世界を救い、読者の私には時間について幾つかの気づきを教えてくれる存在でした。モモが盗まれた時間を解放したことで、大都会の人々は再びゆったり愛情を込めて働き、子どもたちは道路で遊ぶようになります。ただ、彼女が世界を救う過程は平坦ではありませんでした。彼女がマイスターから学んだことを話そうにも、時間を取り戻す前の人々は彼女の親友だった人も含めてあまりに忙しく、彼女の話を聞く時間を確保できないからです。彼らにとっては今目の前にある仕事を必死に終わらせ、仕事に成功し、立派になることだけが大切ですから、モモと話をする時間は意味のない無駄なものとして排除されていたのです。もちろん、これは「灰色の男たち」がモモに邪魔されないように巧妙に仕掛けた罠でした。誰にも相手にされなければモモは孤独に堪えきれなくなるだろうと予測したわけです。

世界で今現在良しとされている方向に疑いを投げかけること、世界の流れに抗うこと、善悪の基準を問い直すことが、いかに孤独で、絶望的で、辛く大変なことであるか、私たちは感覚として知っています。だからつい、世間がそういう風なのであれば、それに逆らわない態度を身につけてしまいます。でも、モモが孤独に絶望して、支配的な善悪の流れに身を任せていたら、大都会は怒りっぽく、常に急いだ人たちしかいないまま動かなかったわけです。

「そういう時代だから」「今はそういうのは許されないから」と、いつだって何かのきっかけで変化しうる善悪を、まるで疑わずに孤独を免れる態度は、自分らが思っているよりずっと罪深いのかもしれません。

『モモ』(ミヒャエル・エンデ著/大島かおり訳/岩波少年文庫)

半分腐った世界でナウシカになれるわけもなく

『風の谷のナウシカ』
宮崎　駿

ポルノ業界を去ってオーストラリアに渡ったマネージャー

ＡＶ女優時代、私には歴代三人のマネージャーがいました。プロダクションの社長は厳しい人で、メーカーでの面接や撮影などでＡＶ女優が下着を脱ぐ必要がある時には、マネージャーは必ず退室し、当の女優の裸体を見ないようにしなくてはならないという規則がありました。ＡＶ女優としては別にそこで撮影された裸体は今後全国の書店やレンタルビデオショップに並び、不特定多数の人の目に晒されるのに変なの、と思っていたけど、今思えばだからこそ、自分の裸が誰の目にも無料で晒されて当たり前の無価値なものだと感じないために、必要な規則だったのかもしれません。一人目のマネージャーはその規則の禁を何度も破っているのが社長の耳に入り、クビに近い形で辞めてしまい、二人目のマネージャーは何の前触れもなく突然姿を消しました。

三人目のマネージャーは、最初の二人に比べると業界キャリアの長い、ベテランマネージャーで、過去には他の事務所で有名AV女優の担当などをしていたこともある人でした。私はすでにメーカー専属契約のない落ち目の企画単体女優で、大学院に入るタイミングで業界からは足を洗おうと思っていた頃で、彼と会うのは月に数度、撮影の仕事がある時だけでしたが、割と仲が良く、たまに仕事と関係のない相談で電話がかかってきたり、お互いの恋人の愚痴を聞いたりすることもありました。そんな彼が、オーストラリアに木を植えにいく、と言いだしたのは、ちょうど私が引退するタイミングで、転職するための体裁の良い言い訳なのかと思ったら、本当にその直後にポルノ業界を去ってオーストラリアに渡ってしまいました。

南の島に移住したい、とか、都会の喧騒を離れて田舎で暮らしたい、とかいう願望は、何もポルノ業界に限らず、スピーディな都市生活や仕事に疲れた人の口をついて出るものです。終わりなき日常を生きる現代人が、次々に降り掛かってくる猥雑な仕事を全て投げ出して逃げたくなったり、トラブルや悩みを全て忘却してリセットしたくなったりするのは取り立てて不思議なことではありません。そして当然多くの場合には口にするだけで実現する気はないのだけど、一時期の夜の業界では振り切ったように極端な形で実現する行為が流行し、私のマネージャーもそんな流行に乗った一人でした。極端に人の汚れの目立つ場所にいると、極端に人の汚れがなさそうな場所に引き寄せられるのかもしれません。

私は長く、彼がその後どうしたのか知らなかったのですが、一〇年近く経った後にたまま共通の知人と話した時に聞いてみたところ、オーストラリアで一年間過ごした後に、元気に復帰して別の大手プロダクションで取締役の一人になっているというようなことを言っていました。私は彼と直接話したわけではないから、豪州での生活がどういったもので、彼にとってどんな刺激とどんなストレスがあって、すっかり嫌気が差していたように見えたポルノ業界にどんな気概で戻ったのかなんていうことは詳しくは分かりません。それでも多分、夢想していた大自然での生活が夢想していた通りだったわけはないだろうとか、都会に慣れきった身体で木を植えるような生活は実際は不便や不満が多かっただろうとか、一年間休んだらそれまでのストレスが瑣末なことのように思えたのかもとか、想像していました。

戦争を生き抜くクシャナに惹かれて

彼の顛末を聞いた時、私はなんとなく『風の谷のナウシカ』に出てくる「庭」に重ねて想像していました。「そなたは知っている　人間の身体が素から変ってしまったことを」「汚した世界に合うように…」とは、有害な空気を撒き散らす巨大な菌類の森である「腐海」の起源を知る、怪しげな庭の主の台詞です。物語の終盤、巨神兵と連れ立って墓所に向かうナウシカは、ボロボロの身体を休ませなさい、と、滅びたはずの動植物や音楽や清浄な天地が保存された綺麗な庭に誘われます。そして庭の主の言葉に「では私達は毒なしでは生きられないと…」とこれまで信じられていた価値観が覆りますが、そこでナウシカは初めて、千年前に生まれた腐海と人との関係をはっきりと把握するに至ります。毒を吐く木々からなる腐海は、環境汚染によって偶然に発生してしまったものではなく、千年前に人の手によって作り出されたものだったこと、不毛の大地を浄化するという役目を持ち、その役目を終えたら亡びるというところまで定められていることを知り、ナウシカは安らかな清浄の地である庭を去ります。

漫画版『風の谷のナウシカ』が完結したのは一九九四年です。コロナ禍でマスクだらけになった街を見て、腐海の有毒ガスのためにマスクをしているナウシカたちを思い出した人も多いかもしれません。連載中に公開された映画版は、長く宮崎駿の代表作と謳われていましたが、愚かな人間による環境汚染の浄化と再生という比較的分かりやすいエコロジー思想と結末が、都会の最も汚濁に塗《まみ》れた魅力に吸い寄せられていた幼い私にはそれほど馴染まず、自己犠牲的で汚い世界の淵にいてもけして穢れることのない主人公には途方もない距離感があって、漫画版を読み始めたのは随分後、まさに汚濁に塗れた世界に勇んで入っていき、そこに若干の倦怠や疲労を感じていた頃でした。巨大化した産業文明が衰退し、「火の7日間」戦争の後に有害物質を撒き散らして崩壊した都市が、再建されることなく不毛の地となって「永いたそがれの時代を人類は生きることになった」という枠組みや、巨大化した昆虫が住む「腐海」が有毒ガスを放出する様子などは共通しますが、漫画では世界観を決定づける対立軸がより複雑なものとなっています。

エンディングやストーリー展開だけでなく、人物や戦争の設定も大きく違い、映画版では侵略してくるトルメキア軍の将という位置付けのクシャナが、漫画ではナウシカの故郷である風の谷とも同盟を結んでいる国の皇女で、辺境諸国のナウシカたちの隊を率います。王族争いによって実父や兄たちに迫害され、命まで狙われる彼女ですが、「それほど執着する王位なら血まみれのわが手で　ひきむしってやる」と痺れる台詞と持ち前の強気で暴力を肯定し、兄たちより優れた戦術眼で戦争を生き抜いていきます。私は彼女のキャラクターに惹かれて、のめり込むように読み始めました。

「ナウシカにはなれずとも同じ道はいける」

現実主義で汚れることも暴力も否定できないクシャナと、絶望することができない高潔なナウシカの関係は微妙です。メーヴェに乗って華麗に空を飛ぶ穢れなきナウシカは、「なんという戦争!! いかがわしい正義すらカケラもないなんて」とクシャナのやり方に反発しますが、汚れることを引き受けるクシャナは「手を汚すまいとするお前のいいなりになるのは不愉快だ」と、ナウシカの助言の一部を受け入れる条件に彼女に闘うことを強います。自分なりの正義の方向性を持つクシャナですが、現実味がないように見えるナウシカの高潔な精神を目の当たりにして、これまでの迷いなき汚れ方が変化するようになります。「ナウシカお前はお前の道をいくがいい それも小気味よい生き方だ」「私は私の血みどろの道をいく親兄弟と殺し合う呪われた道をな……」と互いの違いを尊ぶだけでなく、戦争がいよいよ進んでいくにつれ、気づけば惨状の目前で死んだ部下達の体温を悲しみ、子守歌を歌う、まさに神聖なナウシカのようなことをするようになるのです。ただし、その直後に「だが二度と

私にはできぬ　いや真似たくもない」「猛々しい怒りを燃やしつつ侮蔑と憎悪ではなく……悲しむなど」と、ナウシカの精神性で自身が生きることは否定するのでやはり微妙です。

自分の選択や選びとったものの中での足掻き方を浄化し得なかった夜の姫時代の私は、汚れを引き受けるクシャナの態度こそ美しいのだと思っていましたが、それでも漫画を読み進めるにつれてナウシカが汚れてはいけない必然性も感じました。幼い私が距離を感じた高潔すぎるナウシカは、漫画の中では一度真っ向から否定されます。意識の中に現れた「虚無」に、「足元を見ろ　自分の足元を見ろ」「死者の中にはお前が殺した者もまじっているんだ」「お前は愚かでうす汚い人間のひとりにすぎないのさ」と指摘されるのです。ただしナウシカは虚無に指摘されるまでもなく、自分が人間という呪われた種族であることを受け入れており、腐海に住み、世界を浄化する蟲の方がよほど美しいと認めます。そして一度は「わたしも森になろう……」と生きることを諦めるような物言いになります。映画を観た時には、おじさんの妄想の中に生まれた完璧な少女としか思えなかったナウシカの高潔さや自己犠牲は、この生への執着のなさ、逆に言えば死への恐怖のなさに裏付けられたもののように思えました。

「きれい……死後の世界がこんなだって知っていたらもっと平和に生きられるのに」という

ナウシカの心の声が端的に示すように、ナウシカは愚かな人間の代表として死ぬことを特に恐ろしいことだと考えていません。命を捧げて世界の浄化に一役買えるのであれば、喜んで引き受ける。これは幼い私には絶対に俗人には辿り着けない自己犠牲、利他性の境地のようなものに思えていたけれど、むしろその利他性は、死への過剰な拒否反応を克服していれば必然的なものに感じられます。それは、「死にたい」なんて言葉を簡単に発する夜の歓楽街の人々とは全く異質の、むしろ真逆のメンタリティです。ナウシカの中でも「もろい人の心は深淵の前に砕けてしまう」「闇を見る者を闇もまたひとしく見るからだ」と描かれるように、人は死への過剰な意味づけから自由になったときではなく、生きることの恐怖や闇に堕ちることの恐怖から逃れたい、と考えるときに死の誘惑にかられます。

転んだ時に心臓や頭を守る受身を取るような、本能的と言われるような自然な生への執着がなければ動物はすぐに死んでしまうわけで、死に急ぐことなく、かといって必ず訪れる死に過剰な意味と恐怖を見出すことなく生きることはあまりに難しい。けれども、人が利己的な選択をして、他者に対して過度に残酷になる時、それは必ず強い死への恐怖とセットになっている気がするのです。夜の世界に限らず、SNSで残酷な言葉が飛び交ったり、コロナ禍で誰もが他者の行動に無関心でいられなくなったり、移民や異質な他者の流入を毛嫌いする人がいたりする現在の世の中を見渡すと、ナウシカの師であるユパの言葉「ナウシカにはなれずとも同じ道はいける」は、死を異物として過剰な意味を見出すことから少し離れることくらいはできるという響きを持つ気がします。

人間の愚かさと世界の汚れを引き受けて愛する

ナウシカに描かれる腐海は、私にとっては夜の闇のようでもあり、歌舞伎町であり、黄金町であり、ポルノ業界の瑣末な日常であり、キャバクラの仕事を終えて雪崩れ込むように入るギラギラした入り口のバーの中でもありました。かたや大学で、この社会が構造から狂っているということをひたすら学んでいる時期でもありました。正しいことは学べるけれど、正しさの中では生きられないことも実感として湧きでます。大層な論文を読みながら、夜にはあまりに凡庸な汚れ方をした世界の空気を吸う。その矛盾と繰り返しの中で、何が善であり何が悪であるのか、何が正義で何が間違っているのか、なんてことは全く見失っていました。すっきりと闇を取り払い、南の島の楽園で木を植えてみたいけれど、私はすでにそのようにはできていない。それに、南の島に行けば闇がないというのは私や私のマネージャーの願望が作り出した虚構でしかありません。

ナウシカは一度は人間が作り出した恐ろしい見た目の生物兵器である巨神兵に向かって、もう一度は庭の主に向かって、とても似た言葉を投げます。「世界を敵と味方だけに分けたらすべてを焼き尽くすことになっちゃうの」「世界を清浄と汚濁に分けてしまっては何も見えないのではないかと…」。正誤でも善悪でも敵味方でも、分けようと思えばとる道は二つ、正義として悪を断罪し続けるか、誤りに開き直って露悪的に生きるか。若い私にはそのどちらもがあまりに退屈な態度に思えていました。それに、最も間違っていると叱られるような世界に堕ちた先から見ると、正しいことと薄汚いことの間のグラデーションに散らばる、無数の現象こそが人の生き死にのように見えるのです。

さて、漫画版ナウシカは映画版のように何かの勝利で幕を閉じません。むしろ、答えを出さないこと、正義を定義しないことをエンディングとしています。「人間の汚したたそがれの世界で私は生きていきます」とかつて宣言したように、ナウシカは人間の愚かさと世界の汚れを引き受けて愛することを選びます。これは見方によっては方向性を示すことの放棄のようでもありますが、少なくとも、夜の闇にとどまるだけでなく、夜の闇を消滅させることでもないところに、自分の生きる場所を探そうとしていた疲れた私には心強いものでした。

たとえ彼女が解決を断念したのだとしても、腐海の中を彷徨《さまよ》っている気分だった若者のうちの一人にとって、腐海と共に生きねばという宣言は、自分が悪であり誤りであり敵であるとみなされるような場所で嫌われるのを待って息を潜《ひそ》めて亡びるのだと考えないで済む答えでもありました。

「その人達はなぜ気づかなかったのだろう　清浄と汚濁こそ生命だということに」。ナウシカはそのような生命観を持って終わります。私は腐海の瘴気《しょうき》で爛《ただ》れた肌を纏って、それでも時には清浄の場所や、またちがう汚濁の場所を彷徨い生きています。私は腐海を生き抜いてよかったのだと思うのです。汚濁の側を知ることは、自分が清浄の側に立っていると信じられる時でも、汚濁を悪敵のように排除しないでいられる気がするからです。私は到底ナウシカのようにはなれず、空は飛べないし、自分の生活を守りたいし、仲間が傷付けられれば腹も立つし、かつて期待したほどの才能もなく、どこまでも凡庸なままの大人にはなったけど、世界を二色に分けてしまいたい欲望に駆られた時には、時々この物語の言葉を思い出します。

『風の谷のナウシカ』（宮崎駿著／徳間書店「アニメージュ　コミックス　ワイド判」）

おわりに　それでも「絶望的に期待する」

「考え方が違うから闘うんでしょ？」と208が追求した。

「そうとも言える。」

「二つの対立する考え方があるってわけね？」と208。

「そうだ。でもね、世の中には百二十万くらいの対立する考え方があるんだ。いや、もっと沢山かもしれない。」

「殆ど誰とも友だちになんかなれないってこと？」と209。

「多分ね。」と僕。「殆ど誰とも友だちになんかなれない。」

それが僕の一九七〇年代におけるライフ・スタイルであった。ドストエフスキーが予言し、僕が固めた。

村上春樹「1973年のピンボール」より

古い本を自分の住む部屋の、あるいは実家でかつて私が使っていた部屋の本棚から取り出してパラパラ捲ると、端が折れていたり、付箋が挟まっていたりするページが大抵いくつかあります。そのページの何が引っかかったのか、何が気に入ったのか、はっきり覚えているものもあれば、忘れていたけれど久しぶりに思い出してやはり素敵な文章だと思うものもあるけれど、時々、くまなくページを読み返しても、何故そのページの端を折ったのか、何故付箋を貼って立ち戻ろうと思ったのか、全くからきし分からない、ということもあります。

そんなに物持ちが良い方じゃないので、本当に単に端が折れてしまったのかもしれません。古本で買って、もともと折れていたところがあったのかもしれないし、よく本をくれた母や本を貸した友人が折ったものかもしれない。付箋を栞代わりに使って、そのまま貼っておいただけかもしれない。でも、きっとそのうちいくつかは、その時の私には大切だった、そして今の私にはそれほど必要のない言葉なのだと思います。同じ本を読んでも好きになる一文がその時々によって違う、同じ作家の本でもかつて好きだった作品とは別の作品により強く惹かれるようになる、昔夢中になった作家の作品がちょっと退屈に思えてくる。年齢を重ねたり、生きている状況が変わったりするとそういうことはしばしば起こります。それはそれで、読書の面白味であると私は思っています。

そういった、人生のほんの短い期間、強烈に自分が求めた言葉の重要性を私は一切軽んじるつもりはないけれど、それとは別に、付箋を見た瞬間に、それを貼った時の細かい状況まで思い出すような一文もあります。後書きのタイトルにつけた言葉は、フランソワーズ・サガンが自身の創作や人生について語ったインタビューの中に収められたものです。

こういうふうにしてしか人は人生を捉えることができないと思います。つまり、すでに上演されて、結末を知っているオペラ・コミックのようにです。絶望的に期待するわけです──

（サガン「愛と同じくらい孤独」朝吹由紀子訳）

私はこのインタビューを読んだ時、大学の学部に入学したものの、未だ授業にはそれほどエキサイティングな瞬間を見つけられず、高校時代につるんでいた友人たちとキャバクラの体験入店を繰り返していました。毎日は面白おかしく、お酒を飲めば全てが愉快だったけれど、一時期夜遊びをお預けにしてまで受験した結果が、日々の二日酔いと幾ばくかの日払い金の連続というのも退屈なものだなと思っていました。なんとなく予感はしていたけど、人生にドラマチックなど期待しても無駄なのだと改めて思い知らされました。

ちょうど同じ時期に、全く同じメーカーの同じ色の付箋を貼った本に、浅田彰の本がありました。高校時代に父がくれた初版本で、ドゥルーズもラカンも全く分からなかった無知な私はそのまま本棚の上に放っていたのですが、大学に入って開いてみれば、大学について書かれた序文はとても好きでした。「ぼくは時代の感性を信じている」と書かれたその章の中に「シラケつつノリ、ノリつつシラケること」という言葉があります。

要は、自ら「濁れる世」の只中をうろつき、危険に身をさらしつつ、しかも、批判的な姿勢を崩さぬことである。対象と深くかかわり全面的に没入すると同時に、対象を容赦なく突き放し切って捨てること。同化と異化のこの鋭い緊張こそ、真に知と呼ぶに値するすぐれてクリティカルな体験の境位《エレメント》であることは、いまさら言うまでもない。

（浅田彰「構造と力」）

サガンと浅田彰の言葉は全く別の文脈で選び抜かれたものですが、無知であったが故に私は、その文脈をすっ飛ばしてそれらの美しい文を抜き出し、自分自身の人生のために持ち歩くことにしました。私にとってはそれらはとても似た作用を持っていました。すっかり安全な光景が染み付き、夜の暗がりでさえも退屈の反復でしか無くなっていた都市部で、若さ故の暇を持て余し、かといって安全や退屈を凌ぐ欲望や価値を見出すほど賢明でなかった凡庸な若い女には、それらはサバイバルの言葉でした。その後、私は大学に籍を置いたまま、しばらくAV業界の中で働いたり、AV業界の仕事すらサボって横浜や新宿の夜の街でフラフラと遊んだりしていたのですが、それらのサバイバルの言葉は、記憶の中の、酔ってしまえば忘れている、でも素面の時にはしばしば思い出す程度の場所に置いていました。

注意深く見ていると、夜の世界にも私より全然多くの本を読んでいる人はいました。今でも最も好きな作家の一人であるミシェル・ウエルベックは、若い時にサドへの興味から仏文学にのめり込んだというSM系AV監督に教えてもらって初めて手に取りました。私とその監督は、出演者が女性二人、縄師と呼ばれる緊縛のプロ一人、SM系に強い男優一人という、一般的なSM系ビデオの撮影に居合わせたのだけど、その日はもう一人の女優さんが新人だったからか何かとトラブルが多く、仕事とは関係のない話をするほど時間を持て余していたのです。いくつか好きな小説の話をしたら、「最近何冊か日本語訳が出はじめているんだけど、絶対キミは好きだと思うよ」と言われて、ちょうどその日は代々木にあったAV事務所に泊まる予定だったので、次の日に新宿の紀伊國屋まで行って、見つけた単行本を買って、電車の中で読みながら横浜の自分の部屋に帰りました。

その本には意図が不明の折り目が沢山ついていて、おそらく端々の本当に細かい比喩や言い回しに、当時の私は逐一痺れていたのですが、読み返してみると、物語自体はほとんど忘れていました。それでも、主人公がセーヴル＝バビロン駅で見つけた「神が望まれたのは不平等であって、不当ではない」という奇妙な落書きの文言や、彼が入院先で出会うアシスタントの心理学者がある朝口にする「詰まるところ、どうしてあなたはそんなに不幸なの？」という問いかけは、今読んでも同じところに付箋を貼った気がします。そして著者の、平たく言えば、世界に蔓延するポジティブマインドに一切気を使うことも気を許すこともしない表現が、当時の私には何よりもしっくり腑に落ちるものだったのは確かです。そもそもこの本はこんな風にして終わるのです。

> 僕は裂け目の中心にいる。自分の肌を境界のように感じる。そして外部の世界を壊滅的な圧力のように感じる。分離はすみずみまで行き届いたようだ。このさき、僕は自分という檻の囚人だ。崇高な融合なんて起こらない。生存の目的は達せられなかった。現在、午後二時。
>
> （ミシェル・ウエルベック「闘争領域の拡大」中村佳子訳）

私は確か、電車の中で乗ったリズムを逃したくなくて、馬車道の駅に着いた途端、改札階にある喫茶付きのベーカリーに入って二時間くらい読み耽っていました。何章か残して部屋に帰り、寝る前に再びページをめくったはずです。思えば、そのSMビデオの撮影があった頃というのは、私が最も大学から遠ざかり、授業を一つも履修せずに、新しい本を全く手に取らなかった時期でした。私には何かが圧倒的に枯渇していました。記憶の隅に、以前浴びた読書の断片的な言葉が散らばっていて、それらはナイフやフォークのように世界を咀嚼するための道具になることもありましたが、すでに幾度も反芻し、欠如や偏りが気になっていたのだと思います。当時、日本語で読めた数冊のウエルベックを読んだ後、私は横浜の有隣堂に久しぶりに出向き、強いアルコールと酷い昼夜逆転のせいですっかり鈍くなった頭で、新書や小説を一〇冊ほど買いました。大塚英志の本と、中原昌也の本が入っていたのは覚えていますが、他は忘れてしまいました。そしてそれらを読み切るか読み切らないか、いずれにせよちょうど休み明けとなった時期に、私は夜の仕事を半分以下の量まで減らして、大学へ戻っていったのでした。

すでに、同級生が就活を始めているような時期でしたが、とりあえず毎日出社するような昼の仕事はしたくなかったので、なんとなく大学内で居場所を確保するため、二人の先生のゼミに足しげく通うことになります。片方が文芸評論家の福田和也ゼミ、もう片方が歴史社会学者の小熊英二ゼミ、単に本を読んで知っていた名前を選んだのですが、テック系の知識豊富な人が多かった学部で、コンピュータの知識がなくても特に支障がないことも利点でした。私の大学生活の記憶は、この、一回目の四年生の初めから二年間に限られているので、この時点で三年遅れて大学に入学した気分でした。

夜の時間と昼の時間は、常識も時間感覚も金銭感覚も、時には言語すらあまりに違います。二一歳の私はすっかり夜の人間で、ほんの三ヵ月前には、決められた時間にゼミの開かれる教室に行くとか、図書館で資料を読んだり家で論文を書いたりとか、先生やゼミの友人たちと安い居酒屋でだらだらおしゃべりするとか、そんなことは考えられない目まぐるしい刺激の中にいました。それがありきたりな刺激でしかなくとも、目まぐるしいことには変わりない。結局、異次元の二つの世界をぎりぎりのハシゴで繋いでくれて、私を、パチンコや高級シャンパンやくだらないセックスよりはもう少し持続性の刺激の中に戻してくれたのも読書体験でした。

最初のうちは、安い服を着て、筆記用具を持って、ゼミ生の発表や先生の講義を聞いている自分が単に新鮮だという面白味で毎日やり過ごしていました。そのうち、紺色の地味なニットを着た化粧っ気のない同級生の方が、盛り髪アゲアゲの飲み仲間より、実際は世の中とズレていたり、切れ味の鋭いナイフを持っていたり、めちゃくちゃ刺激的だったりすることもあると分かり、自分自身のコスプレ的新鮮さがなくなっても、場の鮮度は失われませんでした。後に大学を移って書いた修論のきっかけとなるゴフマンやケネス・バーク、ポール・ウィリスなどを読んだのも、ボードリヤールに夢中になったのも、この頃になってからです。

そして何より、良い先生と友人たちに出会えて、私は自分の体液が一滴残らず夜の色になる前に、気づけば大人になっていました。福田ゼミで一番仲が良かった一つ年下の女生徒が、「感想聞きたい！」とボロボロの単行本を貸してくれて読んだ小説は、読んでみれば全体的にオヤジの説教って感じで、謙虚さを学べって言われてるみたいで、若くて最強で反抗的だった私はブツブツ言って返したのだけど、結局、数年後にもう一度何箇所か読みたくなって買い直しました。「実際に自分の目で確かめられないところにも世界があるっていうことを、ゆかりは実感できないだろ」という台詞を読みたかったのです。新聞記者になって二年目の時でした。

「うん。だって、そういう言い方されたら、十九から先のことを経験してないあたしは何も言えなくなっちゃうじゃないですか」

「だから、そういうつもりで言ったんだよ」と、私は言った。

「『黙ってろ』っていうことですか?」

「『いまの自分が感じていることや考えていることがすべてではない』っていうことだよ」

「同じじゃないですか」

「そんなことはないさ」私は言った。


（保坂和志「カンバセイション・ピース」）

本書の執筆にあたり、一度『中央公論』に寺山修司の本に関する小さなコラムを書かせていただいた縁からお声がけいただき、最初のうち何も書けないまま時間だけ浪費していた情けない私に、連載形式で少しずつ書く場を与え、限りなく自由に選書・執筆をさせてくれて、書籍化の作業も最後まで親切に寄り添って下さった中央公論新社の山田有紀さんに心から感謝します。

なんとなく、これから身体を売るかもしれない、夜遊びの女王になるかもしれない、くだらない男と住むかもしれない、たまに真面目に友情とか世界平和とか考えるかもしれない女の子に、二〇歳になるくらいまでに本棚に加えておいて欲しい本、という基準で二〇冊の本を取り上げました。結果、私がそれくらいの、いわゆる青春という時間を思い出す際に、なんとなく一緒に思い出す本が主軸になり、それは当然私の青春がどれだけ運が良く、どれだけだらしなく、どれだけ楽しく、そしてどれだけ危なっかしかったかを思い出す作業でもありました。

タイトルを「娼婦の本棚」としたのは、私の中には若い時に育てた娼婦の血が流れていて、でも偶然にも本を読む娼婦だったので、何かちょっと助けられた気がすると思ったからです。本なんて大量に読む必要はないし、忙しければ読む時間もないだろうし、読まないで済むこともたくさんあるけれど、少なくともカラダに悪いことばかりしてきた私の青春に色彩を足し、ぬかるみから掬い上げてくれるものでした。そのことに感謝するとともに、全ての若い女の子たちと、かつて若い女の子だった女の人たちと、女の子や女の人の人生を彩る男の人たちの人生が、本との出会いで彩られたらいいなと思っています。

二〇二二年一月

鈴木涼美

初出　WEBサイト「中央公論.jp」
「夜を生き抜く言葉たち」（2021年5月～2022年3月連載）
改題の上、書籍化にあたり加筆しました。

ラクレとは…la clef=フランス語で「鍵」の意味です。
情報が氾濫するいま、時代を読み解き指針を示す
「知識の鍵」を提供します。

中公新書ラクレ
761

娼《しょう》婦《ふ》の本《ほん》棚《だな》

2022年 4 月10日発行

著者……鈴《すず》木《き》涼《すず》美《み》

発行者……松田陽三
発行所……中央公論新社
〒100-8152 東京都千代田区大手町 1-7-1
電話……販売 03-5299-1730　編集 03-5299-1870
URL https://www.chuko.co.jp/

本文印刷……三晃印刷
カバー印刷……大熊整美堂
製本……小泉製本

Published by CHUOKORON-SHINSHA, INC.
Printed in Japan　ISBN978-4-12-150761-7　C1295